折射集
prisma

照亮存在之遮蔽

Deleuze :
« La clameur de l'Être »
Alain Badiou

当代激进思想家译丛

● 丛书主编 张一兵

德勒兹：存在的喧嚣

[法] 阿兰·巴迪欧 著　杨凯麟 译

南京大学出版社

激进思想天空中不屈的天堂鸟

——写在"当代激进思想家译丛"出版之际

张一兵

传说中的天堂鸟有很多版本。辞书上能查到的天堂鸟是鸟也是一种花。据统计，全世界共有 40 余种天堂鸟花，在巴布亚新几内亚就有 30 多种。天堂鸟花是一种生有尖尖的利剑的美丽的花。但我更喜欢的传说，还是作为极乐鸟的天堂鸟，天堂鸟在阿拉伯古代传说中是不死之鸟，相传每隔五六百年就会自焚成灰，由灰中获得重生。在自己的内心里，我们在南京大学出版社新近推出的"当代激进思想家译丛"所引介的一批西方激进思想家，正是这种在布尔乔亚世界大获全胜的复杂情势下，仍然坚守在反抗话语生生灭灭不断重生中的学术天堂鸟。

2007 年，在我的邀请下，齐泽克第一次成功访问中国。应该说，这也是当代后马克思思潮中的重量级学者第一次在这块东方土地上登场。在南京大学访问的那些天里，除去他的四场学术报告，更多的时间就成了我们相互了解和沟通的过程。一天他突然很正经地对我说："张教授，在欧洲的最重要的左翼学者中，你还应该关注阿甘本、巴迪欧和朗西埃，他们都是我很好的朋友。"说实话，那也是我第一次听到这些陌生的名字。虽然在 2000 年，我已经提出"后马克思思潮"这一概念，但还是局限于对国内来说已经比较热的鲍德里亚、德勒兹和后期德里达，当时，齐泽克也就是我最新指认的拉康式的后马克思批判理论的代表。正是由于齐泽克的推荐，促成了 2007 年南京大学出版社开始购买阿甘本、朗西埃和巴迪欧等人学术论著的版权，这也开辟了我们这一全新的"当代激进思想家译丛"。之所以没有使用"后马克思思潮"这一概念，而是转启"激进思想家"的学术指称，因之我后来开始关注的一些重要批判理论家并非与马克思的学说有过直接或间接的关联，甚至干脆就是否定马克思的，前者如法国的维里利奥、斯蒂格勒，后者如德国的斯洛特戴克等人。激进话语，可涵盖的内容和外延都更有弹性一些。这一新的研究领域已经开始成为国内西方左翼学术思潮研究新的构式前沿。为此，还真应该谢谢齐泽克。

那么，什么是今天的激进思潮呢？用阿甘本自己的指认，激进话语的本质是要做一个"同时代的人"。有趣的是，这个"同时代的人"与我们国内一些人刻意标举的"马克思是我们的同时代的人"的构境意向却正好相反。

"同时代就是不合时宜"（巴特语）。不合时宜，即绝不与当下的现实存在同流合污，这种同时代也就是与时代决裂。这表达了一切**激进话语**的本质。为此，阿甘本还专门援引尼采①在1874年出版的《不合时宜的沉思》一书。在这部作品中，尼采自指"这沉思本身就是不合时宜的"，他在此书"第二沉思"的开头解释说，"因为它试图将这个时代引以为傲的东西，即这个时代的历史文化，理解为一种疾病、一种无能和一种缺陷，因为我相信，我们都被历史的热病消耗殆尽，我们至少应该意识到这一点"②。将一个时代当下引以为傲的东西视为一种病和缺陷，这需要何等有力的非凡透视感啊！依我之见，这可能也是当代所有激进思想的构序基因。顺着尼采的构境意向，阿甘本主张，一个真正激进的思想家必然会将自己置入一种与当下时代的"断裂和脱节之中"。正是通过这种与常识意识形态的断裂和时代错位，他们才会比其他人更能够感知**乡愁**和把握他们自己时代的本质。③我基本上同意阿甘本的观点。

阿甘本是我所指认的欧洲后马克思思潮中重要的一员大将。在我看来，阿甘本应该算得上近年来欧洲左翼知识

---

① 尼采（Friedrich Wilhelm Nietzsche，1844—1900）：德国著名哲学家。代表作为《悲剧的诞生》(1872)、《查拉图斯特拉如是说》(1883—1885)、《论道德的谱系》(1887)、《偶像的黄昏》(1889) 等。

② Friedrich Nietzsche, "On the Uses and Abuses of History to Life", in *Untimely Meditations*, trans. R. J. Hollingdale, Cambridge: Cambridge University Press, 1997, p. 60.

③ ［意］阿甘本：《裸体》，黄晓武译，河南大学出版社2015年版，第7页。

群体中哲学功底比较深厚、观念独特的原创性思想家之一。与巴迪欧基于数学、齐泽克受到拉康哲学的影响不同，阿甘本曾直接受业于海德格尔，因此铸就了良好的哲学存在论构境功底，加之他后来对本雅明、尼采和福柯等思想大家的深入研读，所以他的激进思想往往是以极为深刻的原创性哲学方法论构序思考为基础的。并且，与朗西埃等人1968年之后简单粗暴的"去马克思化"（杰姆逊语）不同，阿甘本并没有简单地否定马克思，反倒力图将马克思的批判精神与当下的时代精神结合起来，以生成对当代资本主义社会存在更为深刻的批判性透视。他关于"9·11"事件之后的美国"紧急状态"（国土安全法）和收容所现象的一些有分量的政治断言，是令西方资本主义国家政要为之恐慌的天机泄露。这也是我最喜欢他的地方。

朗西埃曾经是阿尔都塞的得意门生。1965年，当身为法国巴黎高师哲学教授的阿尔都塞领着整个西方马克思主义科学思潮向着法国科学认识论和语言结构主义迈进的时候，那个著名的《资本论》研究小组中，朗西埃就是重要成员之一。这一点，也与巴迪欧入世时的学徒身份相近。他们和巴里巴尔、马舍雷等人一样，都是阿尔都塞的名著《读〈资本论〉》（*Lire le Capital*，1965）一书的共同撰写者。应该说，朗西埃和巴迪欧二人是阿尔都塞后来最有"出息"的学生。然而，他们的显赫成功倒并非因为他们承袭了老师的道统衣钵，反倒是由于他们在1968年"五月风暴"中的反戈一击式的叛逆。其中,朗西埃是在现实革命运动中通过接触劳动者,以完全相反的感性现实回归远离了阿尔都塞。

法国的斯蒂格勒、维里利奥和德国的斯洛特戴克三人都算不上是后马克思思潮的人物,他们天生与马克思主义不亲,甚至在一定的意义上还抱有敌意(比如斯洛特戴克作为当今德国思想界的右翼知识分子,就是反对马克思主义的)。可是,在他们留下的学术论著中,我们不难看到阿甘本所说的那种绝不与自己的时代同流合污的姿态,对于布尔乔亚世界来说,都是"不合时宜的"激进话语。斯蒂格勒继承了自己老师德里达的血统,在技术哲学的实证维度上增加了极强的批判性透视;维里利奥对光速远程在场性的思考几乎就是对现代科学意识形态的宣战;而斯洛特戴克最近的球体学和对资本内爆的论述,也直接成为当代资产阶级全球化的批判者。

应当说,在当下这个物欲横流、尊严倒地,良知与责任在冷酷的功利谋算中碾落成泥的历史时际,我们向国内学界推介的这些激进思想家是一群真正值得我们尊敬的、严肃而有公共良知的知识分子。在当前这个物质已经极度富足丰裕的资本主义现实里,身处资本主义体制之中的他们依然坚执地秉持知识分子的高尚使命,努力透视眼前繁华世界中理直气壮的形式平等背后所深藏的无处控诉的不公和血泪,依然理想化地高举着抗拒全球化资本统治逻辑的大旗，发自肺腑地激情呐喊，振奋人心。无法否认，相对于对手的庞大势力而言，他们显得实在弱小，然而正如传说中美丽的天堂鸟一般，时时处处，他们总是那么不屈不挠。人类社会发展的历史已经明证，内心的理想是这个世界上最无法征服也是力量最大的东西，这种不屈不挠的思考和抗争，常常就是燎原之前照亮人心的点点星火。因此，有他们和我们共在，就有人类更美好的解放希望在！

译　序

杨凯麟

这是一本敌人的书。

那么何以需要翻译？因为，在这本书中，巴迪欧试着展示一种思想运动，其抗拒、加速与减速、翻覆与逆转德勒兹的思想运动，以一种哲学家的本格方式。

在这本书中，德勒兹的思想被褶皱、去褶皱与再褶皱，以巴迪欧式的"间接自由言说"（discours indirect libre）！

诚如巴迪欧所言，哲学不争论，这个想法的源头当然来自德勒兹与迦塔利在《何谓哲学?》里著名的断言："哲学不沟通"（ *Qu'est-ce que la philosophie?* 12），然而，不争论是否就导向巴迪欧在书中多次提起、他与德勒兹无法释怀的"争吵"？诚然，"革命不是请客吃饭"，然而难道没有一种哲学的"好客"与"友谊"，建立而且仅建立在"说情"（intercession）上？

丝毫无需争论，是的，但我们或许可以从当代法国哲学的角度试着摘要本书的"问题"：

1 德勒兹早期关于本体论的论述（主要的段落都在《差异与重复》与《意义的逻辑》中）被全面地朝本体论偏斜弯曲，巴迪欧意图将德勒兹思想框限在（海德格或巴迪欧式的）本体论中，使德勒兹的哲学化约为一种纯粹且简化的本体论。

2 巴迪欧以随意与不加修饰的口语风格从事他的"哲学书写"。这或许一方面是某种"颠覆或轻化"哲学传统的古怪策略（他是毛主义者！），但另一方面，这却让思想有一种信口开河的轻慢。这或许涉及哲学的品味（以尼采的意思）与风格，但毕竟往往牵强，不易（或根本不想）说服。或许这很怪异地，"以一种哲学的方式"激怒德勒兹的信仰者。巴迪欧没有要讨论（因此非常当代于德勒兹），但却以一种颠倒变异的激进方式或许"与德勒兹同行"！

正如同德勒兹的《福柯》绝不是一本福柯思想的简介，巴迪欧的《德勒兹》亦非德勒兹哲学的概论。想通过本书理解德勒兹的读者，最终见到的将是巴迪欧自己所实践的"当代哲学"；德勒兹只是一个概念性人物，而概念的提出者，不是德勒兹本人，而是巴迪欧与他所铺展的哲学剧场。

巴迪欧在本书的笔法是拗口的（中译在可能范围里保持这个即使在法文世界都相当特异的笔法），尤其是在讨论本体论与单义性的段落里。他化身成视野缩陷的本体论述说者、大写存在的"宅经济学家"，存在而且一律是大写的存在孤单而不无霸气地在本书书页中"喧嚣"，相当不同于他所援引与对应的德勒兹著作中的静谧与节制。确切地说，巴迪欧比德勒兹在书写风格上更随意也更独断，夹缠的修饰与断言一路蔓生添加。一方面显示了巴迪欧的思想风格，另一方面却也使文章本身建立在重重褶皱的巴洛克迷宫之中。这个充满矫饰的迷宫，简言之，是（巴迪欧式）本体论，一个隐匿在已被本体论化德勒兹背后的巴迪欧。在这个意义上，与其说这本书里书写的是德勒兹哲学，应该更适切地说，不管在表达或内容上，不管在概念或思想平面上，这都全然是巴迪欧自己的思想运动，而且，这个运动维系在极细节（与枝节）上的微调与强调。巴迪欧在书中以斜体标出了许多介系词、副词、冠词、否定或肯定副词，而且刻意使用许多让行文停顿的标点符号（众多的逗号、破折号、括号），这样的标注要求加重与放大读者可能疏忽或漠视的思想细部零件，一方面似乎让思想的轮廓鲜明起来，然而某种程度上却也加剧了他思想的曲扭与轻浮，甚至是专制与琐碎。一种专注于介系词与副词细节的歪斜本体论？"魔鬼在细节里"这句套语的巴迪欧本体论版本？

在许多段落里，冗长的修辞与句法构成了巴迪欧书写的主要风格，某种程度上这成为翻译者与异国读者的灾难。中文因一本巴迪欧风格的作品而成为灾区？就哲学的角度而言，似乎不该批评或试图修葺这种话语的构成，甚至究极而言，即使此文体的翻译必须面临保留原初语言风格的挑战，必须因此牺牲中文的可读性，亦不该认为巴迪欧这样的表达是没有必要的。因为当代思想离不开表达它的语言形式，思想就是思想的表达，即使对哲学家的表达方式感到"不适"或无法认同，都不可能从中抽离出某种客观与无语言风格的"纯粹与中性的思想"。维系巴迪欧通过法语所召唤与牵引的思想运动，跟随此思想明确明现在法语平面的动、静、快、慢，跟随这个不可能的节奏与共振，这是本书译文在许多地方显得怪异与拗口的原因之一。

在这些理由下，《存在的喧嚣》这本篇幅不大的书不仅不是一本关于德勒兹哲学的简介，反而因为涉及德勒兹这个被巴迪欧一再拿来较量与挑战的同代哲学家，而急遽升高了激烈度，成为一本当代法国哲学的"诸神战役"。必须有相当的配备与防护才能深入二位天神以巨大雷电互殛斗殴的战场。在本书中地主与导演当然都是巴迪欧，但从他搬演的、不无自我坦护的戏码来看法国当代哲学，在重重的硝烟与核爆粉尘中，二十世纪最激进与最饶富趣味的思想无疑地已掀开特异的一个视角。

3　德勒兹的书写以"间接自由言说"著称，读者很难从这种法文合法用法中确认"谁说话？"。是德勒兹？或莱布尼兹、福柯、尼采、柏格森或费里尼？或根本是无人称与中性的人们（on）？这样的表达风格（或策略）无疑有着源自哲学思想的对应（存在单义性的内在共振？）。巴迪欧在本书中亦批评德勒兹的"间接自由言说"，然而，巴迪欧自己对德勒兹的引用与解释亦不免是另一种"间接自由言说"，而且或许更间接与更自由，因此也更独断与更主观。到某种程度上，即使是熟悉德勒兹哲学的读者，恐怕也不易从巴迪欧对德勒兹的引述方式中确认与突围，即便是他从《差异与重复》原文照引的句子，亦古怪地笼罩着巴迪欧的本体论气味（德勒兹原文中小写的存在一经巴迪欧的手一律被大写了……），因为巴迪欧所操弄的移形换位而被巴迪欧（妖魔）化了。

4 巴迪欧喜欢把自己与德勒兹相比，他对立、异议、比较与会通两人的哲学，像照镜子般参差对照着镜前镜后的本质差异。殊不知德勒兹的差异哲学正在于"差异不是比较"，差异不是比较的结果，因为所有比较都建立在同一性的基础上，而差异只是"在己差异"与"为己重复"。不管巴迪欧像或不像，反对或不反对德勒兹某个概念，似乎都只是他意图（通过同一性方法）使自己与德勒兹并驾齐驱的论述策略。严格地说，在这个论述策略里，德勒兹只是一抹模糊的影子，一只悬丝傀儡与概念性人物。但不可否认的是，巴迪欧在本书中生动地操持搬演着他独有的本体论戏码。换言之，这本书（如果不是全部）在大部分时刻里是巴迪欧的单口相声，他说唱俱佳地讲述名为"德勒兹思想"实为巴迪欧的本体论哲学。

这个由他所放大加重的同一性，就是由**大写**存在与**大写**的一所头尾封闭的论述循环。巴迪欧的"德勒兹单子"没有窗户没有门，闭锁在一种本体论的单纯趣味之中。而这意味着，两位哲学家，德勒兹与巴迪欧，只拥有一个共同的哲学问题性，一个同一化的思想平面，而这将从根本上否决两人作为哲学家（以这个词最强的意思）的身份，或者更糟，他们没有各自的问题（因此，以尼采的话来说，没有风格），只是哲学史传统的移印与复制，毫无原创性思想的差异。

5　也要小心巴迪欧的偷桃换李，比如在德勒兹概念前后所加添补缀的"非德勒兹式"形容词或名词，"虚拟的范畴"（70）；又比如以**大写**存在之名总括所有概念，"单义的大写存在在它最柏格森主义的名字"（53）……。而且不得不指出的是，巴迪欧笔下（与他接受访谈时的嘴）的修辞常常是很毒辣且不留情的。

又比如，谈及真理时，巴迪欧引用了德勒兹的《福柯》说"德勒兹接纳，或福柯让德勒兹接纳，［……］'真理与建立它的程序不可分离'"（43）。然而必须很小心才不会让巴迪欧所误导的是，德勒兹引文中讲述的真理较是知识论的，虽然这在福柯的哲学里亦必然涉及**主体性**，但却完全不是巴迪欧所热爱的**大写**本体论脉络，亦非什么大写的一、大写存在或永恒真理的古典问题，在《福柯》中德勒兹早已不像六十年代般讨论这些问题。但，巴迪欧由真理这个词的"同形异构"绕经福柯，为了最后能把德勒兹与黑格尔与柏拉图凑成一处谈论。

巴迪欧不无故意地以"时间错乱"来兴起他的"德勒

兹剧场"。比如《差异与重复》与《时间-影像》都大幅发展虚拟概念，但问题性是截然不同的，巴迪欧却一律由他自己的纯粹本体论观点一视同仁，抽离（因此抽象化）虚拟以便构建他所谓的德勒兹的"虚拟之歌"。

　　无穷地比对德勒兹与巴迪欧思想的异同，或"举发"巴迪欧在本书中对德勒兹思想的褶皱（同时也必然是去褶皱）与哲学操作，并不是本文、亦远非本书中译的目的。这本书的翻译将献给仍方兴未艾的中文巴迪欧研究，当然，亦希望中文世界对于决定着二十世纪下半叶思潮的当代法国哲学研究有进一步的认识，这是激进涉入差异与重复的思想风暴，一整个世代所投注其中的不可能思想实验，其中，有德勒兹、福柯、德里达、利奥塔、布朗肖、列维纳斯、朗西埃与巴迪欧……这是思想史上绝无仅有的盛大游行，但作为深刻思考与问题化差异的世代，这些哲学家跟随尼采，不约而同地都讲过类似的话，作为巴迪欧著作的中译序，我们就引用他的版本吧！刚好也写在本书中，他对德勒兹的间接自由言说：哲学的这种诱惑，"这是一个品味的问题"。

目　录

文中引用吉尔·德勒兹的著作标题及页码标示缩写如下：

D. R.《差异与重复》，PUF，1969。

F.《福柯》，Minuit，1986。

I. M.《电影1-运动-影像》，Minuit，1983。

I. T.《电影2-时间-影像》，Minuit，1985。

L. S.《意义的逻辑》，Minuit，1969。

P.《褶皱，莱布尼兹与巴洛克》，Minuit，1988。

读者在书后亦可找到德勒兹的文选，这些文选在阅读过程中以附注标示给读者。

如此遥远！如此贴近！

我与吉尔·德勒兹的非关系（non-rapport）真是一出奇怪的故事。

他是我兄长，但不是因为年纪的缘故。四十年前，当我还是高等师院的学生时，我们就已知悉在索邦可以聆听到令人惊愕的课程，不管是论休谟（Hume）或是论《新爱洛伊斯》（*La Nouvelle Héloïse*），都很不同于其他地方宣读着的课程。德勒兹的课，我去找来笔记，我要人向我描述语调、风格、支撑概念发明且令人震惊的身体展演。然而——当时就已如此！——我不曾在场，我不曾经历。

在六十年代初，介于我的萨特式青年时期与我对阿尔都塞、拉康、数理逻辑的频繁探访间的摸索中，我阅读他，既没有从他获得重大的支持亦未发现可供识别的对手。特异、优美却远非对我的浪游有所帮助。他参照的典范（斯多葛、休谟、尼采、柏格森……）都对立于我的（柏拉图、黑格尔、胡塞尔）。即使我知道他极为关注数学，他的品味却在于微分计算、黎曼空间（espaces de Riemann）。他从中汲取强大的隐喻（是的，我坚持，是隐喻）。我则较喜欢代数、集合。我们在斯宾诺莎上有交集，但是"他的"斯宾诺莎过去（现在仍然）是我不认识的创造。

　　来到红色年代，1968年，巴黎八大（université de Vincennes）。对于像我这样一个毛主义者，被我们称为"欲望-无政府主义者"（anarcho-désirants）的哲学启发者德勒兹，是一个因为置身"运动"内部而更加可怕的敌人，而且他的课是大学的"名胜"之一。我从未缓和我的论战，**共识**并非我的强项。我那时曾以重炮言论攻击他，我甚至有次率领一组干预"大队"到他的课上。我以"流动与党派"这个特殊标题写了一篇激烈的文章反对他关于群众运动与政治关系的概念（或被假设是他的概念）。德勒兹毫无所惧，几乎是慈父般的，他说我的主题是"知识分子的自杀"。

　　当他从一件涉及授课法规的隐约纷争感到我在弗朗索瓦·雷诺（François Regnault）与波雷依（Jean Borreil）的掩护下企图操控系所转往政治目的的方向时，他，与利奥塔（Jean-François Lyotard），并不真的生气。他在一篇文章上署名，在上面我被指控意图将所谓的系所"布尔什维克化"（bolchevisation）。如果这不是要赋予我大大的荣耀，就是，比较可能地，对布尔什维克主义者有一种极狭隘的想法。紧接着便是德勒兹-夏特雷（Châtelet）-利奥塔这合法三人帮毫无阻碍地取回"权力"。

德勒兹忠实于尼采，在思想上不是怨懑之人。一切书写都必须被阅读为一种开端，而非遵循运用或耗损的算计。我学到他在《论意识型态》（1976）这本小书所赞扬的"阶级"与"群众"区辨方法，我将它运用到政治程序之中。而差不多就在此时刻中——我们正处于"左派"力量瓦解的时期，且我对于此历程不可磨灭的忠贞会被任何显然的退却所激怒——我倾向于认定他为自发性运动的赞颂，他的"自由空间"理论，他对辩证法的愤恨，总之，他的生命与自然大写—-整体（Un-tout naturel）哲学①，是"法西斯主义的"。

"布尔什维克主义者"对抗"法西斯主义者"：这下可好了！

然而，几乎是紧接着，我被他对"新哲学家"的公开

----

① 译注：法文书写常以前缀大写强调某一特定词汇的抽象或概念用法，并藉此区辨其一般性意义。由于汉语缺乏类似表达或符号，故凡引文或概念逢此用法时将以缩小的大写作为前词词，以标记其为前缀大写的独特表达。至于像思想、存有、事件、意义……等抽象词汇，德勒兹亦不乏前缀大写之例（Deleuze 1991，196；1988，90），大写思想（Pensée）与小写思想（pensée）的差异的确不易掌握，但这种区辨对德勒兹而言绝非单纯的文字游戏，因为关于"单义性"（univocité）或回荡于所有思想的唯一"大写内在性平面"（Plan d'immanence, Deleuze and Guattari 1980，320；1991，51）一直是理解其哲学的关键，就某种意义而言，大写思想所指向的正是这种既是存在亦是思想的单义性，其与小写思想的一般性意义是绝不一样的。由是，首字大写或小写的意涵可以涉及德勒兹哲学中关于差异与重复最深邃的辩证，其一方面似乎需要在翻译过程中采取更谨慎与清楚的区辨，另一方面关于大写与小写、重复与差异间的哲学赌注也尚待吾人进一步深究。当然，在词汇前加注大写之法乃权宜之计，期望未来能有更佳解决方式。此外，在某些场合里，德勒兹亦曾将整个词汇或句子以小号大写字母（petite majuscule，如 IMAGE ＝ MOUVEMENT，Deleuze 1983，86）印出，这似乎较是为了强调该词汇或句子的关键性。在此情形下，我们仅以黑体字表示。

猛烈修理所震惊，他很清楚地认清，藉由修正哲学家与媒体及舆论自由保留地带的传统关系与藉由作为共产主义"庸俗评论"的传声筒，他们已触及思想本身。我开始自忖，当新的序列开启且其他的对手爬上舞台时，思想的联盟便将动摇，或翻转。

1982 年，我出版一本过渡时期的哲学著作《主体理论》。我企图在一种兼容于诸时代政治资料与我的马拉美及数学研究的框架下重塑辩证法。就在我正处于对我的哲学企图最轻蔑沉默的公众孤独中（这是由我痛恨的左派、密特朗主义所收编的时代），德勒兹寄给我一封表达赞赏的手信，我大受感动。其实，他并不是非如此不可。特别是他已接受我跟总统共进午餐这个超级丑闻。他应是如何地窃笑啊！

要强调的是，除了极罕有的行政场合之外（我实际上抵制系所与大学的所有运作，除了我的课），在 1982 年我总是没能与德勒兹"相遇"。既没在城里晚餐，亦未到家里拜访；既无小酌，亦无聊天散步。而且从那时起一直到他去逝从来没有，唉！

就像打撞球，交互主体性的"一击"常是间接的。时代的转变——在哲学上——对我显示在与利奥塔的理论长谈中，从已经病笃的夏特雷家里聚会归途中在他的车上。利奥塔将这个平和时期对比于不共戴天的敌对双方在"帐蓬"里的彻夜相遇。不久后，利奥塔建议我对他称为他的

"哲学著作"从事评论。这书就是《歧论》（*Différend*）。我毫不犹豫地接受了：文章出版在《批判》（*Critique*），而且以对于政治颉颃（antagonismes politiques）的简单摘要取代分析、比较、异议。必须承认的是，接续于表现运动活力的斥骂（"布尔什维克!""法西斯分子!"）之后的，是知识分子不共容的反思决定（真理事件的哲学对立于后现代的哲学），在密特朗共识的冰冻表面下表达了未来思想的潜伏力量。

《存在与事件》（*l'Etre et l'Evénement*）在 1988 年的出版圆满地完成——对我而言——新时代的入口。经由多的本体论（ontologie du multiple）的发展，我逐渐意识到这是我相对于德勒兹而非别人所铭印的企图。因为德勒兹很久以来便指出，多的思想在二种典范下操作：开放多样性（柏格森式血缘下）的"生机"（或"动物"）模式，与集合的数学化模式，或者也很可以称为马拉美意义下"星状的"（stellaire）模式。从此可以不怎么谬误地指出，德勒兹是第一种的当代模式的思想家，而我则致力庇护第二种模式直到其最极端结果。总之，我们在 1992 到 1994 年间的书信争论以"多样性"观念为主要参照，他主张我混淆了"多"与"数"（nombre），我则主张他在斯多葛主义、虚拟大写整体性（Totalité）或德勒兹称为"混宇"（chaosmos）之物间立场不坚定，因为就集合而言，既无普同集合、亦无大写整体也无大写一。

比较我们俩人并不是荒谬的，这渐渐成为公开的信念。1992年，弗朗索瓦·瓦尔（François Wahl）以巴迪欧/德勒兹对偶来发想，撰写我论文集《前提》（Conditions）的序言。稍后，艾利耶（Eric Alliez）在他带着德勒兹观点的当代法国哲学"报告"中，却将我的努力记载在"离开"现象学的运动之下，而在他的眼中他的主人完成此蓝图。

当然，这既不涉及同一性，亦非融合。这涉及的是正面的对立，但今日吾人对哲学的要求，对于其必须处理的核心问题，都概念性地指向一种共享的信念：多样的**内在性**思想信念。

1989年，《哲学年鉴》（Annuaire philosophique）在体现了对哲学批评状态短暂修正的企图下，提出要对《褶皱》（Le pli，1988）写一篇文章，我对于作为执笔人着实很满意。

这本书令我印象深刻且为之着迷。我认为，我毫无保留地给予其全面的公正评价。当然，记忆力好的人会认为，经历15年前对德勒兹的政治辱骂后，我现在没有"权力"——除非是中介性质的自我批判——如同我所做的那样向其致敬。这丝毫不是我的想法。政治的序列，其事件性的打击是一回事，哲学的永恒性——即使是它在政治条件下的建构——是另一回事。看来这也不是德勒兹的想法：他在读完我的文章后，寄来一封认真的信，非常友谊性的，几近温柔。他作出结论，在这种条件下他剩下的唯一该做的事，就是轮到他对我的概念采取立场。他因此成功地说服我：我们丝毫没有决定（而且根本是背道而行！）却已构成一对吊诡的搭挡。

1991 年才是展开一场真正连贯的理论讨论时期。这是由我主动发起，且对我而言，导致三个要素的突然构成：

——评定，多年来德勒兹与迦塔利在一种聚合且几近融合的观点中工作。难道这次不会有一种分歧或对比式的"合作"？无论如何，他的系列理论系统性地推崇分歧，且仅将聚合视是一种实际化（actualisation）的"封闭"个案。

——信念，对"哲学终结"这个广为人知的主题我们彼此间完全没有争执，我们在创作上没有差异，至少我们在这个问题上是"志同道合的"。

——观念，重新与伟大经典争论衔接起来，这既不是令人悲愤的闭关自守，亦不是无关紧要的"讨论"，而是寻找我们在**可感知的观点**（point sensible）上的截然对立的立场，在那里，我们在创造不同的概念问题上分道扬镳了。

我因此提议德勒兹，我们应相互通信，为了在他确切的含混明晰（或隐晦区辨）中建立我们的动态分歧应该这么作。他回答我，他很中意这个想法。

在当时，他与迦塔利完成一个决定性的聚合合作，《什么是哲学？》（*Qu'est-ce que la philosophie?* 1991），获得了巨大且正当的成功。在这本书中有一个关于我的批注，在我关于《褶皱》的文章之后，德勒兹终于加入了。为了给予答复，且为了准备战场，我投入我在国际哲学学院的四堂课程给德勒兹与迦塔利的这本畅销书，既未削弱他们（我真的进入细节中），也绝未宽容以对。

对我而言德勒兹似乎在此刻犹豫是否实际执行我们的通信协议。在这犹豫的漫长进展中，我很明白巨大的黑暗正上演着：如同灾难般的迦塔利之死；他自己愈来愈糟糕的健康，使得每日必须拨出数小时来书写本身变得有失谨慎。必须像我曾收到这些一律撕扯、歪斜、颤抖与猛烈的长信，才能理解书写——思想——竟可以是一种极尽苦痛与短暂的胜利。然后，是如此由过去的伤痕中抽离，如此以教义与生机勃勃地朝向肯定与创造性的新生。德勒兹完全有一缸子的好理由不将他哲学的无边声誉参与到我自己所瞄准的、与他有反差的规划中。何以他要服务于我——我，这个曾强烈诋毁他的人；我，在我们的情况中，虽然争论已回到平静岸边甚至有了兄弟之谊，反而疏远了他的我？

他坐实了我的忧虑，终于写信给我明确地拒绝，他考虑了每况愈下的健康，时间已不足以投入这场书信交流，他想要用一封巨细靡遗的评价与质问的信来解决问题。我收到这封优美的信，并且以不过于谦卑的方式给予回复。他回复我的回复，且循环如是；作为宣称为不可能的真实（réel）的自我展开（se déplie）是绝对不可能的。随后我们之间又通了十几封信。

接近 1994 年底，我们决定我们的任务已完成，我们已再无法前进分毫。对我如同对他一样，我们争论的焦点已经昭然若揭。不久后，德勒兹写信给我说，重读这些信后，他觉得太"抽象"，质量低劣。他以一种相当粗鲁的方式告知我，他已撕毁他信件的所有复本。他直截了当地表示，他不愿任何人浏览这些文章，更别提出版。

当时，望着如同是对我们交流全盘否定的最终评价，我有点苦涩，而且正因我们一直没有碰面，在生命的差距与生存的流转中，我臆测有某些外部的影响，或者某些隐秘的算计，如同普鲁斯特小说中的妒嫉者所作的一般，我被距离所引致的谜团所深深苦恼。

突然间，死亡。它将这些信函变成一种私人的宝藏、一座陵墓、一个最终的慷慨。

当尚特尔（Benoît Chantre）以艾榭特（Hachette）出版社的名义请我撰写一本关于德勒兹思想的论文时，我自忖这就如同是一封长篇且最终的死后信函。对我而言，这将不是报告——描述——他曾思考什么。而比较是完成不可完成者：一场冲突的友谊，在某种意义下，从来不曾发生。

哪个德勒兹?

德勒兹的形象既激进又温和、既孤僻又善于交际、既生机又民主。人们普遍认为他的教义鼓舞了欲望的异质多样性且致使其毫无拘束地被实现;它关注于差异的尊崇与肯定;它由此建构了对极权体制的概念批判,如同它由此实际地指出一个事实:德勒兹,在这个与福柯泾渭分明的点上,坚持与斯大林主义或毛主义运动保持距离。人们认为他为身体保留了权利以对抗令人恐惧的形式主义;他对于系统化精神毫不让步,总是宣扬大写开敞与运动、毫无预设规范的实验。在他仅认得案例(cas)与特异性(singularité)的思想方法中①,他稳固如山地对抗着辩证法

① 译注:singulier 指单一的(相对于一般的)、个别的(相对于复数的)、独特的(相对于普同的)、稀罕的、怪异的……作为德勒兹与许多法国当代哲学家的重要概念之一,此法文词汇并不易被周延翻译为中文。但无论如何 singulier 简单译为"独特的"并不适切,因为如此一来便无法明确区别于 particulier(独特的、特有的、私人的)或 spécial(特别的、特殊的、专门的)。后两者对德勒兹而言隐寓某种预设或既存的标准与比较,而 singulier 并不是通过任何比较获得。基于概念翻译的困难,本文权宜采用日文译者用法,将抽象名词 singularité 译为"特异性",形容词 singulier 译为"特异的"。(ドゥルーズ/ガタリ,13)

辗碎式的抽象化作用（abstractions）。人们亦认为他属于现代（后现代？）的"解构"（déconstruction），源于他传授着对再现的决定性批判，以意义的逻辑取代真理的探寻，以生命创造的内在性之名向超越的观念性（idéalités transcendantes）战斗，简言之：将他的石块掷往形而上学的废墟、"柏拉图主义的颠覆"，藉由变幻莫测的实际化作用、辐射的系列、无法预料的创造等游牧律法（nomos）的推崇，对立于**大写**本质的定居律法。人们在参照对象的晶莹闪烁中看到对这种后形而上学现代性的肯定，画家（培根），作家（普鲁斯特、梅尔维尔、路易·卡罗尔、贝克特……），性的异轨（马佐赫），非同凡响的哲学家（怀海德、塔尔德、邓斯·司各脱……），隐喻化的数学家（黎曼），无数的电影导演，大量几乎名不见经传（但不是对他）的作者，针对晦涩问题的文章或小册子，被他才华洋溢地重新思考，广及社会学与生物学、美学与教育、语言学与历史学等等。没错，所有这些都突如其来地被召唤于肯定与曲折的网络中，与哲学教育界的关注与典范表面上远之又远。

人们最后判断，对所有构成其时代之物好奇、捕捉闪亮的事件表面来驾驭其思想，褶皱其神奇的书写以跨越意义的杂驳区域，这样的德勒兹是一位发明家；且回应他冠予莱布尼兹在古典时期的美德，他是当代的巴洛克人，我们的多样、杂交、无共通规则宇宙的共存等欲望。简言之，我们的全球民主主义（démocratisme planétaire）在此寻获可以反思与铺展之物。德勒兹如同是世界的**含混**（confusion）的欢愉思考者。

被更新的大写的一概念

对于思想，世界的含混无疑地首先就意味着，既非大写的一亦非大写的多样能给予其理由。既非这个世界处在意义的可定位运动中（比如，大写历史的意义），亦非它处在稳定分类、有意义部分具备可行细节的体制中（如同过去那些清楚区分无产阶级与布尔乔亚之物的概念，或能给予帝国主义阵营、社会主义阵营与不结盟阵营具有意义的法则）。而德勒兹似乎首先是宣称我们必须放弃以大写的一与大写的多样来分配存在的人，现代思想所启始方法的姿态就是处于这种对立之外。如果对他而言，重复是重大的本体论概念，正是因为其既不任由**大写的一**的永久性亦不由可同一诸项目的多样来思考，其**外在于**这些对立："重复既非大写的一的永久性，亦非多的相似性。"（D. R.，164）更一般地说，"既无一，亦无多"（F.，23）。

但正如总是存在德勒兹著作中的，静态（量化）对立的远程（au-delà）总是结束于其项目之一的**质性**假定。然而，相反于普遍的意象（作为欲望与流浪安那其之多样自由的德勒兹），甚至相反于著作中玩弄多样/多样性对立的表面指示（"只有稀少的多样性"，*ibid.*），正是由于大写的一的来临，被德勒兹重新命名为大写的一–整体（Un-tout），思想在其最高目的中献身于它。在他欣喜的激动而非他明晰的内容中，我们聆听着这样的宣告："唯一与相同的声音为了成千声音的整体的多，唯一与相同的大写的海洋为了整体水滴，唯一的大写的存在喧嚣为了整体存在者（étants）。"（D. R.，389）同样的，对于那些天真地欢欣鼓舞于对德勒兹来说一切皆事件、惊奇、创造的人，要记得"所有降临之物"的多样性都仅是骗人的表面，因为对真正的思想而言，"大写的存在是唯一事件，所有事件在这里彼此沟通"。（L. S.，211）大写的存在，其同时亦是大写的意义，它就是"在一之中，空缺了一切事件的位置，在一之中，所有意义都无意义的表达"（*ibid.*）。

德勒兹最深刻的问题绝非对多的解放，而是由此将思想折叠为大写的一的崭新概念下。大写的一必须是什么，多才**整合地**与其成为可思考为拟象（simulacre）的生产？又或者：如何决定大写的整体，使得此大写的整体的每一部分存在只是"紧裹住世界的非组织威力生命"（I. T.，109）的表达切面，而远非独立或不可预期冒出的状态？

我们因此首先要说：必须在德勒兹作品中要十分小心地认出一种大写的一的形而上学。他自己指出了此要求："所有事件的唯一事件；唯一且相同的存在为了不可能、可能与实在。"（L. S.，211）终结于"唯一"：这就是假定欲望民主的真实基底。

纯粹化的自动机制

认为在德勒兹话语中可以辨识出一种对于自律（autono-mie）、对充斥于其欲望生产大地的主权个体的无政府主义理想的鼓励，这样的人都误入歧途了。他们未能成功地将德勒兹不仅由欲望（著名的"欲望机器"）且更由意志或选择所形成的专属**机器**构思一字不差地掌握。因为这个构思在任何时刻都禁止将我们考虑为能够成为我们所思或所做的根源。一切总是来自更远，而且同样的：一切总是"已经在此"，在大写的一的无限与非人对策之中。

举例来说，我们可以想想关于选择的理论。首先涉及建立一种真正选择的风险（德勒兹说，这是一种承担"生存决定"的选择；I. T.，230），不是为了选择中所明示的项目，而是"选择者的生存模式"（ibid.）。从这里便可以轻易来到克尔凯郭尔（Kierkegaard）的著名主题：本真的选择从不是选择这个或那个，而是选择的选择，在选择与不选择之间的选择。如此便脱离了所有特殊的赌注，选择被展现为"与域外（dehors）的绝对关系"（I. T.，231）。然而，这种关系的绝对性倒底要说什么？就是非组织生命的威力在我们之中进行，我们被大写的—-整体（Un-tout）

的实际化所**贯穿**（traversé）。这使得选择愈是自动化就愈"纯粹"，而事实上是我们被选择，而毫不是如同再现哲学所企图的，作为决定的中心或是聚点："只选择、实际上只选择被选择者"（I. T.，232）。这种自动机制（automate）的形象，正因为它废除了所有的主体企图，轻易地可连结上意义生产"机器"（machinerie）的形象，再现了真正、理想的主体。域外如同主动力量的机制，掌控着身体、挑选着个体，命令选择的选择："正是由域外思想所掌控的纯粹化自动机制，如同是在思想中的不可思考者。"（I. T.，233）这个"纯粹化的自动机制"必然很接近德勒兹的标准，而远离满脸胡腮将油腻腻欲望斜背在包包炫耀的1968年的学生。因为我们已看到，这涉及思想的条件。然而这些条件从属于大写的一的内在主权的净化、节制与集中及清明的展示。由于取消我们的需要与所占有位置的明显事实，这涉及回到这个空的位置上，无人称的威力在此攫住我们且强制我们促使思想经我们而生："让空格循环，而且让前个体与非人称的特异性说话［……］是今日的任务。"（L. S.，91）思考不是个人能力的自发性流泄，这是被强制于世界游戏中、悖反自我极难以征服的权力。

接着，不同于一切平等主义或普及性的标准，德勒兹对思想的构思是极为"贵族阶层"的。思想仅存在于阶层化的空间中，因为为了让个体（它还不过仅在可怜的局部组态的起点上）得以到达被其前个体化决定作用与被大写的——整体的威力所攫取之点，它必须超越它的界限，它必须忍受被真正存在的无限虚拟性惊吓与摧毁。而个体是完全足以胜任的。当然，以尼采宣称的生命价值不能被价估，大写的存在本身是中性、平等、不可估量的。然而，"事物在这个平等的存在中不平等地持存"（D. R.，55）这总是涉及"存在是否超越其界限……，前往到它所能到的尽头，不论程度如何。"（ibid.）因此，重点是根据"由权力观点来考虑事物与存在阶层"的思考。

这是何等悖谬的属性，被一个特别倚仗尼采的人所援用（但尼采自己的作品里有一种深刻的圣洁），对德勒兹而言必须主张思想的条件是苦行的（ascétique）。表面上，这是德勒兹与斯多葛派所深刻阐明的、以整体性（totalité）思考大写存在。"无政府主义"这个字用以意指特异性的游牧主义（nomadisme）的用法，不应用来导致幻想。因为德勒兹明确指出："受到褒扬的无政府主义"（anarchie couronnée），并且很关键地也要想到——首先要想到——受到褒扬。这是为了苦行般禁绝建构着他们感性的、知性的或社会的实际性（actualité）的"经验"（vécus）与"事物状态"，且拥有超越他们界限、走向"**僭妄（*hybris*）孕育了他们的地方**"（ibid.）。

这导致了这门生命哲学，就如同斯多葛主义（但毫不同于斯宾诺莎主义，即使德勒兹对它献上了崇拜），本质上是一门死亡哲学。因为如果思想的事件是让我选择（这是命运的德勒兹形式）与作为纯粹化自动机制被带往僭妄要求之处的苦行权力；如果因此思想如同我实际性的碎裂、我界限的消散而存在；而且如果这个实际性与这个界限在它们的存在上也同时是在碎裂与超越他们的同一织物上（因为归根就底来说，只有**大写**一-整体）；如果强大的无组织生命，在我征服权力、超越界限的情况下，从而是将我安置于我的界限与召唤我之物的基底（fond）；那么思想的事件将以死亡做为隐喻，如同是生命的内在时刻。因为死亡就绝佳地处在它所影响个体的最亲密关系之中，**也**处在关连于它的全面无人称性（impersonnalité）或外部性之中。在这个意义下，死亡**就是**思想，因为思想正是苦行前来的个体被无人称的外部性所惊吓之处，后者同时也就是它的本真存在。

这个思想与死亡的同一性在一种对死亡的真正赞美歌中被述说，德勒兹无滞碍地滑动于布朗肖的痕迹里。他颂扬"死亡的无人称性不再只是标志在我之外我消逝的时刻，而且是死亡在自身中消逝的时刻，以及生命为了取代我所采取的最特异形象"（L. S.，179）。

"单调的"生产

从此不再能如同人们常常相信的，太期待这门献身于取之不竭的具体变异的哲学，**大写**一在此是支配者，威力的阶层是苦行的，且死亡象征化了思想。

当然，德勒兹的方法要求由个案出发。这可以解释何以对他而言以下这些并不具有意义的差异：表面上是"教条式"专著（比如《差异与重复》）、古典哲学史的重拾（《斯宾诺莎与表达问题》）、与伟大同代人的对谈（《福柯》）、关于特定艺术的一堆著作（《运动-影像》与《时间-影像》）或对某一作家的沉思（《普鲁斯特与符号》）。涉及的总是对**概念个案**的标记。如果个案不是优先的，是因为您企图由概念到它所归属的变异。这么做，您将重建**大写**观念的柏拉图式超越性，而且您不忠实于德勒兹不断提醒的尼采式规划：当代哲学的责任由"颠覆柏拉图主义"所述说。内在性要求您置身于思想已经启动，最迫近特异个案、其运动之处。它（ça）在"您背后"思考，而且您被推动与束缚。这就是个案的美德。

同样由此有着德勒兹读者常见的惊愕：间接自由风格的常态性使用使得推断"谁在说话？"无法确定。比如说如果我诵读："力量中的力量，人并不褶皱组成他的力量而域外不自我褶皱，且不在人中凹陷一个大写的自我。"（F.，121），这真的是福柯的陈述吗？或已经是解释？或仅只是德勒兹的一个论题，因为我们知道他对尼采的阅读（主动与反动力量的游戏类型化地**组成**人），而且还从他最终的作品中指出一个重大概念：褶皱（pli）？恐怕必须说：这句子是经由福柯成为其他推动或束缚的个案对德勒兹的推动。就这个意义来说，在它们各自同一性的消散上，且因为思考总是无人称特异性的"促使说话"，可以无差别地支持这句陈述**变成**福柯的，或它将已是德勒兹的。

然而，去想象个案的束缚生产了德勒兹思想中的大量描述与当代分歧性的收藏，错误便开始了。因为我们假设了操作是在于思考个案。错！个案从不曾是思想的客体，在它自身的最终自动化目的中，在"直到权力尽头"的经历中，它是强迫思想与无人称化思想之物。由数不尽与表面上纷乱的个案出发，暴露于斯宾诺莎与马佐赫、卡美罗·班（Carmelo Bene）与怀海德（Whitehead）、梅尔维尔与戈达尔（Jean-Luc Godard）、培根与尼采所组成的推动中，德勒兹所带往的概念生产因此是有完美一致性的，我甚至毫不犹豫地将之称为**单调**，在一组极窄概念几近无限重复与坚持的极特殊体制下，而且在名字极天才的变异中，处于这个基本上停驻成同一的变异中思考着。

异质性的权利因此同时既是命令亦是限制。任何思想都仅能开始于个案-思想的暴力驱动。从原则出发的操作是被排除的。作为特异的驱力，每一次的开始都展示一个特异个案，而然这么开始的目的地都是相同的，展开着威力源头不变的微分。

以电影作为例子。一方面，德勒兹以自由观众令人吃惊的博学增殖着作品的特异分析，但另一方面，最后被生产之物总是被攫取于已建制与关连的概念盆地：采纳了柏格森思想的运动与时间。电影，在它对影片、作者、趋势的繁殖中，是一种束缚与动态的布置（dispositif），德勒兹在此占据了一个空位子，再次地必须在个案的厚实威力下经历他能力所及之物，改造已被生产之物，重复其差异，再次差异化其他差异。这就是为什么德勒兹关于电影的两大本巨著，对于影迷来说难以使用。影片描述的局部可塑性似乎被翻转了为了哲学的利益，且毫不是为了让影迷能喂养其意见威望的简单批评判断。

实际上，对德勒兹而言这是因为，以极细节的方式暴露于电影的个案-思想中并不是为了生产一种电影的思想。《时间-影像》的目的被以最明晰无误的方式说了：所有事业都支持概念的创造性重复，而非电影艺术的领会："电影的理论不支撑在电影上，而是在电影的概念。"（I. T.，365）电影本身是"一种崭新影像与符号实践"（I. T.，366），然而思想的目的并不能只是限于符号与影像的具体现象学。从电影中，"哲学应该如同概念的实践般制造理论"，视为是"电影的概念并不在电影中被给予"（ibid.）。我们认识到，在个案-思想的束缚下，总是且又是（德勒兹的）哲学重新开始，且它致使电影存在于**它自己所不在之处**。

因此必须掌握到，德勒兹的哲学只因在他眼里概念是具体的而"具体"。这完全不是说他是具体的概念，而是，如同所有存在之物，它标示出局部威力的无人称开展，要求如同是藉由个案思考的展现，通过此，**大写**存在的独一声音就在它多样的偏斜中被聆听。

当德勒兹提出哲学是一种实践，而且它"并不比它的对象抽象"（I. T.，365），必须这么理解：概念实践的具体性既不多于也不少于任何其他事物。然而仅能由此演绎出个案的具体多样性是对哲学的具体特性有效的。归根究底，在德勒兹散文中所援引个案的多样闪烁仅有一种偶遇的价值。重要的是概念本身的无人称威力，它们的内容与"被给予的"具体从来无关，而是攸关**另一概念**："电影的理论不是'关于'电影，而是关于电影所激起的概念。"（ibid.）个案的所有价值在于这个激起、激发出来的力量。最终，概念从来不是"……的概念"，只是在其运动（而非在其给予思考之物）中连结到原初的具体个案。这是何以在他的两本关于电影的巨著中所学到的都涉及运动与时间的德勒兹理论，而且渐渐地，电影处于中性与遗忘之地。

因此必须确信德勒兹的哲学是特别系统化的，它根据不会变动的权力线索，使用了其所有的驱力，因为它全然承担其特异性的身份。依我之见——且在精确使用形容词下——这也是一种抽象哲学。"抽象"这个词不意味此哲学在它所绝对弃绝之地运动，亦即将具体个案归入一般性（généralité）中；我们所要说的只是，此哲学本身的尺度是概念链接的准组织式的连贯性（consistance），以及通过最多的可能个案将这坚实性持续置入运动之中。别忘了被这种多样机遇考验所局限之物不停地自我实验如同是自我的同一。因为从个案的无穷决定中，概念的重逢、它对召唤变异轮回的灵活抗拒，建构了这个概念有效的唯一可能协议。

这就是治理德勒兹哲学审查的一般性原则，而且我认为这同时既忠实于其精神，又远离围绕了它所建构的**教条**（*doxa*）。

1 其哲学是围绕着大写的一的形而上学组织起来的。

2 它提出一种剥夺与苦行思想的伦理学。

3 它是系统与抽象的。

在我眼中，第2与第3点毋宁说是优点。第一点是复杂的，且开启了我曾说过的我们在书信里的**争辩**（*disputatio*）。一场争辩，而非争论。因为，根据他系统与贵族的定位，德勒兹对于争论只会轻蔑不已。关于此他写道，这是让感性灵魂忧伤的事；对他而言，争论只证实了哲学是同质于议会民主的。

德勒兹和我都不会信仰这种同构型。因此这不涉及争论，而是耐心地实验我刚刚所点明的原则。因为我所关注的，并非颠覆而是振兴柏拉图主义，我自信于这些原则的存在。

存在的单义性与名称的多样性

　　可以说我们时代在哲学上被大写的存在的轮回所标志、所注明。这是为什么海德格尔统治着这个时代。他诊断说，在康德的《批判》之后一个世纪与在现象学的交织之后，他明确地在他首要质问中对思想开出处方：什么是存在者的存在？归根究底，这个世纪将是本体论的。这个目的远远比"语言学的转向"所被赋予的更为基本。这个转向回返去将语言（其结构与其资源）作为一切认识能力考察的先验性，而且将哲学布置成普遍性文法或弱化的逻辑。然而在这个转向唯一的伟大思想家维特根斯坦的作品里，当一种完全特异的本体论基础在《逻辑哲学论》（*Tractatus*）被确认时（永恒客体理论），抵达了最严格的概念张力。我们亦理解到，在划出认知命题的逻辑结构的范围之外，最后一字保留给一种超认知或神秘的沉默直观，这是对我开启的唯一重要的问题：我应做什么？如果世界的界限确定语言的界限是真的，这将导致超越世界界限以决定思想命运者亦超越语言界限。因此，通过语言分析以便确保（这是批判的残余）科学命题（倚靠于世界某部份再现的命题）的效度（或意义）总是必要的，思想是在这分析之外自我允诺了它的最高权力，这是去质问世界本身的**价值**。在维特根斯坦作品中，语言是由对**大写**存在的质疑所侵蚀，如果不是在用法上，至少是在其目的上。

就这意义而言，德勒兹绝对是世纪性的。我们不能将他的思想连结到分析思潮——他痛恨语法或逻辑学的简化；亦不能关联到现象学思潮——他严峻批判其将活生生的实际化作用简化为意识的简单意向性操作。

德勒兹所提出的问题是大写的存在问题。经历其作品，涉及的都是在作为大写的的一的大写存在的本体论前理解（pré-compréhension ontologique de l'Etre comme Un），在无数与偶然个案的束缚下思考思想（其行动、其运动）。

对于这点的强调从来是不足够的，而对他作品的批判性或现象学解释则不断地遮掩此点：德勒兹纯粹与单纯地同一于本体论哲学。如果忽略底下所阐明的宣称，一切都将缺失："哲学混同于本体论。"（L. S.，210）或者又是，"从巴门尼德到海德格尔，都是重复的同一声音［……］。唯一的声音产生存在的喧嚣"（D. R.，52）。哲学的历史统一，如同思想的声音，如同可说者（dicible）的喧嚣，这就是大写存在本身。由这个观点，德勒兹的哲学完全不是一种批判哲学，不只是大写存在的思想是可能的，而且只有大写存在尽可能偏移与发声的思想。当然，思想是差异与差异的同一化，它总是在于"构思形式上区辨的复数意义"（D. R.，53）。思想驱力如同生命力量在复数的多（意义，或个案）中被给予。然而——德勒兹立刻补充——思想的重点不在于多在形式上的分辨。重点在于，所有意义、所有个案"关联到唯一被意指的一、本体论的一。"（ibid.）在此义上，**一切**哲学命题都是德勒兹称为"本体论命题"之物（ibid.），这概括了一种对于思想与说话存在资源的最大信念。巴门尼德主张大写存在与思想是单一与相同之物。这句名言的德勒兹式版本是："发生的事情与被说的事情是同一回事。"（L. S.，211）或又是："单义的存在持存于语言之中且在事物中突然降临之中；它度量着语言的内部关系与存在的外部关系。"（ibid.）这大写存在的信念是古希腊式的，如同是关系的尺度，既内部又外部！这"到来之物"与句子的本体论共同涌现就如同是在大写的一的法则下对"语言学转向"的漠视！

在这些条件下，坐落着与海德格尔的差异——当然，在介于德国的教授、悲怆与先知风格与法国的灵敏曲折、不连续闪烁之间的明显差异之外？这是一个极为复杂的问题，而且在我这部分主张中，德勒兹在许多关键点上（差异、开敞、时间……）并不比通常想象的远于海德格尔，且无疑地他自己亦这么想。按照这个清晰的区别，我们会说：对于德勒兹，海德格尔仍然且总是太现象学了。该怎么理解这句话？

海德格尔的界限

"庸俗的"现象学由意识"指向事物且在世界中被意指"出发（F.，116）。这就是现象学所谓的意向性。意指指向可以用来思考思想（哲学的唯一目标）的这种假设有两个聚合的理由让德勒兹极度反感。

首先，意识不会是思想考察的立即术语。事实上我们知道思考根据一种力量，在域外无人称命令下的苦行展示中仅开始于一种束缚。在这些条件下，思想在意识中丝毫没有根源。事实上，为了开始思考，必须由意识中转向，可以说必须"自我无意识化"（s'inconscientiser）。就如同德勒兹所宣称的，据马克思所说，"问题天生就逃离意识，它属于假意识的意识"（D. R.，268）。

接着而且特别是，意向性就如同隶属于内部化的关系般展现思想，意识与其客体、观念生产与观念型（idéation et idéat）、能思端与所思端（pôle noétique et pôle noématique），或在萨特式的版本中——自为（pour-moi）与自在（en-moi）。然而，正因为思想是大写的存在--的开展，其元素从来不是内部化的关系、再现、"……的意识"。思想假设了大写存在的多样模态是相互外部的，没有任何有特权内部化其他（如同意识所企图拥有的）。这里关系到**大写**存在的平等，而且此平等毫无吊诡地意味完全没有任何存在者拥有与其他的内部化关系。我们甚至主张对**大写**存在如同一的绝对尊敬最终要求所有其内在性的实际化都相互处在非关系的位置。因此德勒兹，在福柯的名下（或在福柯个案的束缚下）指出，看与说、事物与词汇建构了完全分离的（思想）存在汇编："所看不是所说，而且不说所看之物。"（F.，117）以至于"知识是不可化约地双重的，说与看、语言与光线，而且这正是没有意向性的原因。"（ibid.）

难道这与稍早我们所提醒的没有矛盾：是相同到来与被说？丝毫没有。正是因为是相同的大写存在到来与被说，事物与词汇（**大写**相同的实际化）在它们之间毫无意向关系。因为如果它们有这种关系，在主动端（瞄准与命名）与被动端（客体与被说之物）就会有不平等。然而，**大写**存在以相同方式，比如可视与语言（还有其他的），"到达"其模态。假设一种在命名与事物、在意识与客体间的意向连结因此必然是打破**大写**一的表达主权。如果有人会反对地指出，这些模态在它们之间至少有大写的一模态的这种或那种的最小存在"关系"，我们的答案是，这关系本质上是非关系，因为它只包含**大写**一的中性平等。而且无疑地，在非关系的练习中，思想以最忠实的方式"关联到"建构它的**大写**存在。这就是德勒兹所命名的"选言综合"（synthèse disjonctive）：根据奠立非关系又彻底分离其关系项的大写的一来思考非关系。持存于如同**大写**存在威力的分离行动中。去解释"非关系仍然是关系，而且甚至是更深刻的关系"（F.，70），因为它根据离散或分离运动来思考，藉由毫不松懈地分离，它证实了**大写**一无限与平等的多产。然而这个选言综合却是意向性的废墟。

我们因此能清楚地说，对德勒兹而言，海德格尔的界限是：他为了大写存在的诠释使得对意向性的表面批评停留在半途，因为这批评并未提升到选言综合的激进性。它维持关系的主题，这是矫揉做作的形式。

当然，德勒兹同意必须向海德格尔的运动致意：有"超越意向性朝向大写存在"（F.，117），有意识-客体（或存在者）关系的颠覆而经由现象学到本体论。而且，与他的**大写**一的假定一致，德勒兹只能赞同反思主体与客体、内部性与外部性的不对称配对由"去蔽-遮蔽的唯一性"所取代（ibid.）。

然而对德勒兹而言，海德格尔只通过维持意向性来超越它，将它维持在另一面向，本体论基质，意即介于**大写**存在的实际化面向之间，意义的关系或社群。这里，德勒兹提出异议，何以对海德格尔而言，"光开启了言说，不亚于光对看的开启，如同萦绕在可见物周围的意指关系，也低吟出意义"（F.，119）。海德格尔解释大写存在的单一性如同是诠释学汇聚，如同介于它所呈显面向（在此指可见与语言）之中可译码的模拟关系。他没看到（相反于福柯）本体论单一性有一个结果，不是介于存在者之间的和谐或沟通，甚至不是将关系思考为外在于所有实体基底的"在二之间"（entre-deux），而是绝对非关系——所有关系中关系项的无差别。尽管有对灾厄的悲怆，海德格尔维持着一种宁静的观看，因为藉由诠释学地关连着，这是大写存在开展于发散系列的模式。尽管有**大写**开敞的辩护声音，他折拢且再度闭上，分离、无相似性的差异化作用、不可解决的间距，这些唯一能证明大写的一的平等与中性之物。如果要说得像尼采一样，海德格尔是个狡诈的神父，仅只表面颠覆了意向性与意识以便制造一个对选言综合的巧妙障碍。如果现象学"太和平了，而且牺牲了太多东西"（F.，120），那么在这个意义下，他仍被现象学所困。

在德勒兹与海德格尔间反差的真正主题，内在于哲学持存于大写存在的唯一问题上这一他们的共同信念，是底下这个：对德勒兹而言，海德格尔对于大写存在如同大写的一的基本主题没有持续到底。他没有持续，因为他未接受大写存在**单义性**的结果。海德格尔不停地召回亚里士多德的箴言："大写存在在各种各样意义中被述说"，于许多范畴。对于这个"各种各样"，德勒兹无法赞同。

大写存在的单义性

我们在此处于德勒兹思想的核心。我们实际上可以合理地主张，庞大数量的个案教学法（电影、精神分裂症[schizo]、福柯、黎曼、《资本论》、斯宾诺莎、游牧者等等）的功能只是以无穷的变异天才不懈怠地验证这句话："从来只有一种本体论命题：大写存在是单义的。"（D. R.，52；参考本书最后的选文，153—157 与 167—169）当德勒兹肯定哲学与本体论的同一性时，他在同一句子中补充："本体论混同于**大写**存在的单义性。"（L. S.，210）

该如何理解这个决定性的单义性？这是本书的全部目的，但却是难以实现的。

让我们从外部事物着手。大写存在单义性的主题控制了德勒兹所有与哲学史的关系。事实上他的同伴、他的支持、他的个案-思想在此都是享有特权的，那些明确支持存在拥有"单一声音"者：邓·司各脱（John Duns Scotus）或许是最激进的（"从来仅只有一个本体论，邓·司各脱的本体论。"D. R.，52）；斯多葛派，将他们对命题的教义连结到大写的一-整体的偶然一致性；斯宾诺莎，也十分肯定地指出，实体的独一性因为他筑起对所有本体论模糊性（équivocité）的阻障；尼采，他"实在化了如同在永久轮回中重复的单义性"（D. R.，388）；柏格森，所有的组织差异化作用因为他而被述说成创造性进化的局部实际性。因此历史地"阅读"单义性的主题是可能的，而这是何以德勒兹成为关于某些哲学家的（表面的）历史学家：他们是大写存在单义性的个案。

这种阅读允许了使原则得以开展的两种抽象主题：

命题1：单义性首先并不意味存在是数目上的一，一种空的断言。大写的一在此不是计算或同一性的一，而且思想早已放弃是否要想象有一个单一与相同的**大写**存在。大写的一的权力毋宁是"存在者是多样与差异的，总是由选言综合所产生，本身分离与发散，*membra disjoncta*"（L. S.，210）。单义性也不是指思想是同语反复的（大写的一是大写的一）。它是与大写存在多样**形式的存在**全然兼容的。甚至是在这些多样形式的开展的力量中，大写的一成为可辨识的：如同实体对于斯宾诺莎，立即被属性的无限性所表达。然而形式的复多并未引来"如同本体论的意义复多的大写存在中有任何划分"（D. R.，387）。换言之：大写存在以所有其形式的单一与相同意义被说。或者再一次的：表达了大写的一的无限权力的大写存在的内在属性，"是**形式地**区辨的，然而全都是平等且是本体论的一"（ibid.）。要注意到，这个主题已经假设一种关键相区分，当我们谈及德勒兹时，其重要性常常被低估，即使只有它使介于多与一之间（如同是非关系）的关系思想被赋予理由：形式与真实的区分。存在含义的多是形式的，只有大写的一才是真实的，而只有真实才支持（单一）意义的分配。

命题2："个体化差异"被给予到大写存在的每一形式中，这我们可称为存在者。然而这些差异，这些存在者，从来没有固着性，亦没有分配与分类的权力。如果把个体理解为可由种类或普遍性或类型所思考之物，这是种类或普遍性或甚至个体所拥有的。对德勒兹而言，存在者只有部分程度的强度、权力的折射，不断地变动，彻底地特异化。而正如力量只是大写存在的名字，存在者亦只是大写的一的表达模式。于是，再次的，诸存在者之间的数量上的差别"是一种模式上的差别，而非真实差别"（D. R.，388）。换言之，我们明白认识到，存在者并不是相同的，而且因此它们没有相同意义。我们必接受大写存在所被述**说之物、它内在模式（存在者）**的模糊性。然而对于哲学家要点不在此。要点在于，大写存在对一切都是相同，它是单义的，而且因此它以单一且相同的意义述说所有存在者，因而意义的多样性、存在者的模糊性毫无真实的地位。因为大写存在的单义性，不仅唯一且原则地是由存在者的意义分歧所"意指"，是相同（大写存在-一）。单义性要求意义对于所有的千差万别的存在者都在**本体上同一**："在本体论命题中〔……〕，这亦是意义，它对于个体化模式在本体上相同，对于意指者或表达者仅仅只是数量差别。"（D. R.，53）又或者再次的："大写存在的单义性意味它以所有它述说之物的单一与相同'意义'被述说。"（L. S.，210）

可以看到坚定维持单义性主题所必须付出的代价：（存在者的、意指的）多最终只存在拟象的秩序上，因为对于它所指向的存在形式（思想、广延、时间等等）而言，将它安排于宇宙中的数量上的差异是纯粹形式的，对于它的个体化作用而言，则是纯粹模式的。如果（我们必须这么做）将所有毫无真实性的差异当作拟像，那么本体论地位是大写的一的多样性，存在者的世界，将是大写存在的拟像场景。

奇怪的是，这个结果有一个柏拉图甚至是新柏拉图主义的身影。我们将说是，只有通过这个悖谬的或至上的大写的一，以内在性方式产出存在者的阵列（procession），由它分派单义的意义，且它指向了其权力，它只是存在者的类似物。然而，德勒兹经常认可有效的尼采计划意味什么：颠覆柏拉图主义？

名字的多样性

德勒兹给我们一个明确的回答："从此，颠覆柏拉图主义意味：让拟像升华，肯定其正当性。"（L. S.，302）追根究底，德勒兹主义是一种被再次强化的柏拉图主义。意义根据大写的一来分派，而且存在者是拟像的秩序，这都属实。如同拟像般思考存在者假设我们理解个体化差异如何以等级来安排，"其立即关连到单义的大写存在"（D. R.，388），这亦属实。然而这却不会如德勒兹假设柏拉图所做的，必须贬损与虚无化拟像或存在者。必须相反地如同大写存在的单义威力般肯定拟像的权利，如同**单义性的二义个案**。德勒兹所认为要加在柏拉图之上的，在他眼中颠覆、翻转柏拉图的添加物，就是将拟像视为不平等于假设范型，或是在**大写**存在中有一个阶层，将拟像从属于实在的原型（archétype），这都是徒劳的。这里再次地，德勒兹猜想柏拉图未能坚固地守住本体论单义性的主题。如果**大写**存在以所有它述说之物的单一与相同意义被说，存在者就完全同一于拟像，而且所有都藉由将纯粹形式或模态差异的强度弯折肯定大写的一的鲜活的权力。这再次涉及了将选言综合对立于柏拉图：存在者仅是隔开、发散的拟像，在它们之间没有内部化的关系，亦无关不论为何的超越大写观念。世界，以大写的一的内在性生产所构思——如同对柏拉图而言——是一件作品，而不是一种状态。它是德穆革的（démiurgique）①。然而，"无阶层化的作品是一种共存的压缩，事件的共时性"（D. R.，303）。比起将拟像对立于缺乏它们的实在（如同柏拉图将感性对立于知性），正面思考拟像的平等共存较公正地对待了实在的大写的一。因为这个实在不存在于**使拟像就是拟像的奠基物**之外：差异的纯粹形式或模式特性建构了它，攸关着支持此

① 译注：柏拉图在关于宇宙论问题的对话《蒂迈欧篇》中捏造了一个所谓的"巨匠"或"德穆革"，即造物主。他认为造物主以理念世界为蓝图或模型，将各种理念的形式加诸原始混沌的质料之上，使之形成一个有秩序的世界，形成一个变动不居、既存在又不存在的世界。后来这个德穆革的说法被诺斯替教派所挪用，成为了低于上帝的造物神。

内在于自我的差异与分配单一意义给它的大写存在的唯一真实。

我并不确定柏拉图是否如此远离这个对（即使是感性的）存在者的认可，如同是知性内在的差异化与拟像的实证性（positivités）。让人震惊的是，大写的善的超越性在《理想国》中是嘲讽地被苏格拉底的对话者所强调的，更进一步地，大写的一的地位在《巴门尼德篇》中只能在悖谬与僵局中梳理维持于"大写的一之外的东西"（autre-que-l'Un）的关系。只有通过提出一个对于大写的一的纯粹事件地位才能离开这个诡辩，而我们因此与德勒兹有共鸣，他写道："只有自由的人能从单一暴力理解所有暴力，从**单一事件**理解所有死亡事件。"（L. S.，179）这个事件就是德勒兹的大写的善吗？有可能，看他怎么要求与建立"自由的人"的格局。

然而即使假设将拟像赞扬为大写存在单义性直接面对的是对柏拉图的颠覆，就像柏拉图一样（大写观念的诡辩，"不是一种观念"的大写的善，是善却不混淆于它的大写的美，要求牺牲大写的善的超越性统一的大写他者，既非存在亦不是非存在的大写的一，等等），大写存在的带刺问题仍涌现在德勒兹的旅程中。

单义之物究竟可以是哪个适切的名字？单义者的命名本身是单义的吗？而如果大写存在以单一的意义被说，如何固定这个"单一的意义"的意义？又或者：制造单义意义的意义的大写存在的名字可以实验吗？

德勒兹由一个普通的认定出发："一般认为名字或命题并不具有相同意义以严格指称相同事物［……］介于这些意义区辨的是一种真实的区分（*distinctio realis*），然而这毫不是数值的，更非本体论的：这是一种形式的、质性的或符号学的区辨。"（D. R.，52）然而，涉及大写存在，不能依靠名字意义的形式区辨，因为大写存在的本质特性并不是它的数值同一性，有着配备它们自身意义、名义上的差异单位能指向它，而是它以所有它述说之物的单一意义被说。大写存在名字的问题以一种不可避免的吊诡方式坚持着。

除了"大写存在"，它不是一个名字而且德勒兹仅采取初步与限制的用法，我们仅能实验着名字的价值。这意味着，德勒兹著作中很大一部分如下运作：不论是涉及福柯或马佐赫都不重要，考虑个案-思想的束缚，尝试**大写**存在的名字且建构（既是自动又是可能的）思想汇编，以期待它所保存（甚至在思想中强化）的基本特性，亦即单义性，来评估这个名字的适切性。

然而由这个实验的展开所渐渐出现的，是单一名字的永远不够。必须有两个，为何？因为大写存在必须以单一意义被说，一方面关于其权力的统一性，另一方面则关于由此威力本身实际化的发散拟像多样性。本体论地说，在此毫无真实的区分，更没有在斯宾诺莎作品中自然化自然

（Nature naturante）与被自然化的自然（Nature naturée）
的真正区分。然而，对于名字，必须有二位的分配，如同
是存在单义性思想的增强，时而在其立即的"材料"，时而
在其形式或其实际化。

为了说只有一个单一意义，必须有两个名字。

这个问题由柏拉图（感性与知性的原始区分，但如同
是大写的一的进入途径）跑到海德格尔（存在与存在者的
差异，但如同是命运（destinal）或事件（Ereignis）的进入
途径）。德勒兹特别之处，符应其实验风格（在尽可能变异
的个案束缚下检验概念），在于提出一组相当丰富的配对概
念，以便将大写存在的命名固定为间距（intervalle）或唯
名的双面性。这么说并不是真的：有多少个案，就有多少
对名字。一张完整的列表展示着单义性主题顶多在十来对
基本名字中被说。然而如果去比较著名的伟大哲学家，这
还是很多的。德勒兹的一部分天才，如同他哲学所得以展
示的悖反常理（欲望-无政府主义的多之思想，等等），比
所有其他哲学家更热衷地在于**大写**存在名字的多样性，这
相关于单义性的本体论主题与多样的虚构特征之维持。因
为正是在命名对偶（doublets）的实验中，必须铸造意义绝
对单一性的约束检证。

在固定了德勒兹建构性方法的先决条件后，接下来检
验着我所认为的主要对偶：虚拟与实际（事件的学说）；时
间与真理（认识的学说）；偶然与永久轮回（行动的学说）；

褶皱与域外（主体的学说）。

在此阶段必须去检证：对德勒兹而言，不论名字是什么，且因为大写存在总是已经分配了意义，必须将其再置入纯粹肯定中，必须藉由弃绝自我的拟像自我持存，意义将在此藉由我们所不知的姿态，选择我们、让我们震惊："思考［……］，就是掷骰子。"（F.，125）

方　法

反辩证法

如何思考存在者？或者不如说：在特异存在者的创造性束缚下如何通过思考以接近大写存在？我们知道"事物在单义与无分享的大写存在之所有广延中展开"（D. R.，54）。思想因此不能通过先建立一种被分配的存在者的分有或固定框架来在本体上掌握事物的布展，因此，通过不断的切分，得以勾勒存在者的大写存在。对于德勒兹这种程序，他在所有作品中都展开论战，他称之为"沉淀律"（*nomos* sédentaire），或模拟，而且在此可辨识出二元切分的柏拉图方法（使用在《智者篇》以便定义钓鱼者），以及在绝对观念的秩序发展下，每一类型存在者都来到它的位置或在它的时间到来的黑格尔辩证法。对于柏拉图就如同对于黑格尔，思想规定大写存在是分有，是其形式的不对称分配，而且思考轮回来方法论地爬梳这个分配。即使是海德格尔也未摆脱沉淀律，以至于他的大写存在本质地根据 Φύσις（自然）与 τέχνη（技艺）的二义分享来分配。

根据其形式的固定与不平等分配来思考大写存在的企图有一个德勒兹（跟随亚里士多德）称为范畴的操作因子。范畴是属于大写存在的场域的名字（比如物质，或形式，或实体，或意外……）。然而这同样也适于**大写**存在的意义之一，因为所有本体论分享的固定性都招致单义性的毁灭。只要通过范畴去思考便是支持大写存在以许多意义述说的这个事实（它根据本质或存在被述说，如同大写观念或如同拟像等等）。反之，如果大写存在只由单一意义述说，由范畴来思考是不可能的。

因此可以想象思想近乎实现了一种大写存在游牧论，它的单义性通过多样化范畴、无穷精炼分享游荡在拟像的绝对平等中。一个特异的存在者因此如同是一个分配的路口，当然，是固定的（如何能思考没有任何范畴切分的稳定性？），即使它在内在生产中因模仿大写存在的纯粹表达运动而为数众多。这只涉及通过范畴来软化思想，使它灵活，使它无穷，不是持存其中，如柏拉图（感性与知性，大写观念与拟像）或黑格尔（立即性、外部化，然后否定的内部化），而是在形式的分配中恶搞单义性。

由严峻与苦行意志所特性化的德勒兹禁止这条途径："'打开'范畴的列表或甚至将再现变得无穷是徒劳的，大写存在根据范畴继续以许多意义述说，而且它所述说的总是只由'一般性的差异'所决定。"（D. R.，387）哲学的真正方法应该绝对地禁止所有大写存在意义通过范畴分配的分有，禁止所有通过原初形式所区分的运动，不管多么精炼。必须在"总体"上思考大写存在单义性与存在者模糊性（后者不过是前者的**内在性生产**），而不需依靠样式或种类、类型或标志的中介。简言之：不需范畴，不需普遍性。

德勒兹的方法因此是一种拒绝轮回中介的方法。这就是何以它本质上反辩证法。中介很典范性地是范畴，它企图"在"至少它们其中之一的内部关系由一存在者经过另一。比如对于黑格尔，这内部化关系是否定的。然而它却又不能有否定，因为单义的**大写存在**从头到尾都是肯定。引入否定，就是重新掉入二义性，而且特别地，是在它们中最古老的，德勒兹定义为"长久的错误"：假设大写存在根据其同一性的意义与根据其非同一性（non-identité）的意义来述说；它如同大写存在被述说，与/或如同虚无。这就是巴门尼德著名的"两条途径"（肯定大写存在的途径与肯定大写非存在的途径）。然而德勒兹立即提出反对："不存在两条'途径'（voies），如同在巴门尼德诗中所被认为的，而是只有大写存在的单一'声音'（voix），它关连到它最分歧、最变异、最差异化的所有模式。"（D. R.，53）辩证方法、中介的方法企图内部化否定，仅具有这种无止境错误的性质。

因此可以试着这么说：大写存在与大写非存在的布局配置无疑地是不适切的，而且思想只能述说"单一的声音"。然而难道不须至少承认某些主动与被动的范畴性对立？被德勒兹与迦塔利毫不犹豫地称为哲学基督的斯宾诺莎自己难道不是使得所有在他的事业中的对立循环起来，从自然化自然与被自然化自然的全面对立形象到增加我们权力的激情（欢愉）与减弱我们权力的激情（忧伤）之间的区分？至少必须以稳定方式分配，一方面是大写存在肯定与单义整体性，另一方面是大写存在在自身中的突如其来，而且是分离，是存在者的二义性分割。必须分开思考事物主动的一面（它们是特异的差异化、单义大写存在的离散拟像）与它们被动的一面（它们是实际的存在者、数量区别的事物状态、而被模糊性的意指所给予）。

　　这个贯穿德勒兹所有作品的二元性是明显的。可以提出一个无止尽的概念配对列表，由主动与被动的形式对立所组织而成：虚拟与实际、无组织生命与种类、精神分裂与妄想狂、群众运动与党派、解域化与再辖域化、游牧与定居、尼采与柏拉图、概念与范畴、欲望与怨懑、自由空间与国家、陈述与判断、无器官身体与物神（fétiche）雕刻与剧场……。可以认为这种形式配对的游戏，被当代的特异性思想所包围，确然地是德勒兹的真正方法，而且这方法允许我们辨识出欲望肯定的解放途径，而且弃绝被动异化的途径。

事实并非如此。不可否认的是，在德勒兹的哲学语言，或说在他的自发性修辞上，运作着主动/被动二元性的激烈压力。然而他仍然保证所有他的努力都是为了避开这个压力。德勒兹的真正战斗就此开打，其一如往常是一场自我的战斗，至于方法，则在此点上：分析的表面穿越时而玩要于大写存在的单义面向（主动性），时而在存在者的二义多样面向（被动性），留意绝不可是范畴式的。绝勿根据这两条途径分配或分有大写存在。如同我们已经展示的，绝勿遗忘是否总是需要两个名字以便公正对待单义性，这两个名字却毫未操作本体论的分享。

必须用来指挥方法的陈述是很明白的："既非主动亦非被动，单义大写存在是中性的。"（L. S., 211）如果思想支撑在一种分析上，其表面上分配着**大写**存在的主动实际化与此实际化的实际与被动结果，这是因为这个思想运动仍然是未完成、未完整、残缺的。它仅由自身来保证抵达中性之点，在此，主动与被动隶属于不可分享意义的本体论分配中，拟像（存在者）则在它平等主义式的游荡中重建，它在自身中性化了所有辩证的对立，而且回避了一切内部化关系（因此回避了一切被动性，如同回避了一切主动性）。

思想，就如所有存在之物，根据其前往尽头、前往定义其权力的界限之能力而被评估，而且它因个案-思想的出现而被置入力量的运动中。然而，必须开始。在生成我们的暴力施诸于我们（而且没有此暴力我们绝无思考）的原初混淆中，我们总是通过某个范畴式分有开始，通过将个案分派于大写存在单义性丧失的形式中的盲目判断开始。由是在德勒兹自己的工作中通常通过在主动与被动的未成熟登录开始。这足以说，比如涉及事件时，"有两种完成，就是现实化与反现实化。"（L. S.，178）？大写的二的这种坚持显然是纯粹引介的，而且再次迷失于范畴中。方法是建构的，由这个原初的形式主义游牧式颠覆，且展示了无视被安排关系项的所有关系、所有固着的分配应该被消解与使思想轮回到德勒兹称为"超存在"（extra-être）的中性中。

直观的经历

然而，无中介的思想，在所有范畴分享（由此它企图在大写存在的非人中性下先自我保护）之外建构其运动的思想是什么？这是如同柏格森所建立的至高无上的直观思想。德勒兹的方法是将直观的特异形式置入书写之中。

绝勿将德勒兹的直观混淆于古典作家的直观，尤其是笛卡尔意义下的直观（又是一个敌手，这个就如柏拉图与黑格尔，又是一个"长久的错误"的天才保持者，一个范畴的拥护者与选言综合的敌人）。对于笛卡尔，直观是清楚观念的立即掌握，它即刻地进行，由定位的心灵澄明所引导，隔离于观念，不附着任何含混的基底，不论为何。它是思想的原子，当我们确然"uno intuitu"，惊鸿一瞥时。这种直观建立于一种自然光理论上，原则是观念愈清楚就愈区辨："清楚-区辨建构这种光线，使得思想在所有能力的共同练习中可能。"（D. R.，275）然而，如果存在者（或观念）只是单大写存在的动态折射，它们如何以清楚之名隔离于承载它们的整体与隐晦"基底"？清楚只是一种光辉，换言之，一种短暂的**强度**，而且此强度，作为大写的一模式的强度，在自身承载着意义的无区辨性。清楚因此是混淆的集中点。而且反过来说，区辨之物，就是太"远离"单义性被掌握的存在者，褶皱于其自身意义上，一个不被如此给予的拟像，（被所谓的笛卡尔式直观）切断其本体论的根。这意味着，它的强度是最小的，而且无法将它如同清楚予料（donnée）般建制化。区分被交给模糊性的隐晦。这是何以莱布尼兹将此激进化，对他而言从没有任何事物能隔离于大写存在的整体地低吟，德勒兹主张，对立于笛卡尔清楚与区辨的观念，必须是"清楚自身就是混淆的，反之，区分自身就是隐晦的。"（ibid.）

直观完全改变了意义。一种掌握"以区辨-隐晦答复清楚-混淆"的直观是什么（ibid.）？确实，它只能通过惊鸿一瞥来进行。它必须深入于清楚的强度从而掌握混淆-存在（être-confus），而且通过揭露隐晦部份来重新激活被分离存在者的"业已逝去"区辨，它的隔离所掩盖的活生生浸没。这是何以德勒兹式的直观并不是灵魂的一瞥，而是思想的竞技履历；它不是心灵的原子，而是开敞的多样性；不是单侧的运动（一道瞄准事物的光线），而是一个复杂建构，德勒兹经常称之为"永恒的再连结（réenchaînement）"。

为何是再连结？我们在这里处于最大困难的门坎上：德勒兹式的直观必须无中介地完成在唯一的经历中，**一种双重运动**，而且已经标记在清楚-混淆与区辨-隐晦的配对上。它必须如同选言综合般、如同离散般、如同模糊地掌握存在者的分离，以绝不屈服于范畴的塞壬女妖，不屈服于存在者在实现大写存在单义性的普遍性下的静态布局。然而它也必须如同拟像、如同纯粹的模式或形式般思考被分离的存在者，而且最终如同在其存在中的无分离，因为它只是大写的一的部分强度。因此直观（如同双重运动，而且最终如同书写，如同**风格**）必须同时由特异的存在者下降到它在大写的一中的主动解体，这是将它如同拟像般展现在它的存在；而且追随内在生产的威力之线由大写的一再升上特异存在者，这是如同大写存在的拟像展现存在者。德勒兹告诉我们，所有的思想建构都从 A 到 B，然后从 B 到 A。然而，"我们不会找到一个出发的点如同在赤裸重复中一样；重复比较是，介于 A 与 B、B 与 A 之间，问题性场域整体履历或进展式描述"。（D. R.，272）直观是根据单一轨迹（理想上以无限速度）履历下降与上升之物。

它实际上是"整体的进展式描述"，它比较类似一种叙述的冒险，而非笛卡尔的一瞥。从 A-存在者到 B-大写存在，然后从 B-大写存在到 A-存在者，它使思想再连结了存在者，如同是拟像存在与大写存在的拟像之共在。

必须直观"所有客体都是双重的，其两个半面却并不相似"（D. R.，270）。思想完成于被个案束缚的它能前来对存在者的二重性彻底展开（déplier），这二重性只是单义性如同模糊性被表达的形式表达。

举个例子。考虑有意义的现象，如同六十年代的结构主义所做的：言说表现对于语言学家，症状的梦对于精神分析师，亲属关系对于人类学家，等等。所有问题在于知道意义是如何**被产生**。德勒兹欢喜于这个取径，因为所有的意义多样性实际上只能是一种（模糊性的）生产，它被大写的——整体的单义性所分配。对他而言，"意义从不是原则或起源，它是产品"（L. S.，89；cf. 选文 164—167）。

结构主义者的思想运动由同一化每一个存在者、每一个现象开始，它们被视为是离散元素的多样性，从先于它们存在的对比或位置法则中被攫取（语言的音素、梦的隐喻、女人交换的形式团体等等）。这种组合的描述将被审视之物的拟像面向带往顶点，因为一切似乎都散布在一种静止的抽象之中：只有被分辨的真实。同时，这种区分对于它与意义的关系是隐晦的，它所假设的支撑完全是可疑的。结构是被分辨的真实的游戏，透过自身对所有解释保持不透明。我们处于分辨-隐晦之中。

第二时间是在结构中辨识出一种使它不完整且将它置入运动中的特异实体：空格，或者如德勒兹爬梳结构主义的主要分枝时所说（可以认出雅各布森与列维-斯特劳斯，拉康与阿尔都塞），"死亡的位置、国王的位置、盲点、滑动的能指、零值、向空无说话（cantonnade）或缺席的原因等等"（L. S.，88）。正是从这个空格占据的常态性操弄中接续着配对的动态能力。结构如同意义生产机器般可被思考，因为（在德勒兹眼中）这个特异实体将其开启于运动中，将区辨送到它隐晦复本的一边，在关系项与法则的实证性中由开口（béance）所标示，一个阙乏、补遗或吊诡，这就是动态与生产的原则。我们在结构性大写完满（Plein）的消解下降中朝向存在大写敞开。

悖谬性的实体在特异的亮光中闪耀。正是这个结构主义的理论让人着迷，因为它从合法存在者的实证性中逃离，如同是一幅逃逸的远景，一个脱逃，一个浪迹的自由。在配对的昏暗不透光中，它如同是一扇窗户。悖论性的实体是一种清楚的特异性。然而这种清楚将结构的整体沉浸于混淆中，因为它最终无法使得这个特异性具有真正的区分。它总是对角的（diagonale），它如同在玩传环游戏（jeu du furet）般逃逸，它是一种缺席的在场，一种由空无织成的数字，一个主动的零，无意指的能指。这意味着思想在此直观着清楚-混淆，它从选言分离带往朝向单义性的破洞，或者再次地：由结构生产意义的观点，它付出无意义的代价作为这生产的条件。事实上，空格证实了结构只是一种拟像，它虚构意义，然而它的存在本身，亦即支持其结果的生命，完全不进入这个被虚构的意义。因为生命（大写的一），作为单义的，握着为了无意义所生产的意义模糊性。

那么开始上升了，只是一种存在者分析的结构主义是无能为力的：去思考无意义是如何变得被意义的生产所需要。只有单义性的主题照亮了这点：如果**大写**存在以所有它述说之物的单一意义被说，那么，就被结构机器所生产的意义多样宇宙而言，**这个**（独一的）意义不可避免地如同无意义被决定。事实上没有任何结构机器可以生产它，相反的是它（在悖谬性实体的标志下）支持了生产的可能。如果一个特异布置能生产大写存在机器，这是因为它有一个意义的意义：确切的神学主题，陌异于本体论，且摧毁单义性。由没有意义的意义必须作出结论，大写存在的意义可以完美地被说为意义所源自的无意义，无意义明确是（本体论）给所有存在者的意义的单义性赠予。

结构主义的装配，德勒兹告诉我们，他有点承认"意义由无意义与其永恒移位所产生［……］它诞生于元素的个别位置，对于这些元素而言并非'有意指的'"。（ibid.）然而这个思想仍然只是问题的一个面向，管理直观的最先经历，其从模糊性意义的诱导拟像朝向无意义的单义性。

为了成全这种直观，而且因此完成思想的建构，必须懂得由无意义正面地前往意义，了解无意义就只是**大写**存在的单义性，而且因此远非"意义的缺席"，它对立于此缺席，生产如同拟像或其自身表面模式的意义无限性："无意义同时是没有意义者，然而又以此操作意义的给予而对立于意义的缺席。"（L. S.，89）可以说无意义本体论地**是**意义，因为我们知道大写的一是生命、生产，而且因此大写存在的单义性意义实际上只是如同意义的**赠予**。

哲学直观在此是陈述在结构主义—个案的命令下集成与完整的（intégré et intégral）履历：

——下降或分析的："有差异的意义"；"它被配对机器所生产"；"此机器开敞于空格的特异点"；"意义被无意义生产"；

——上升或生产性的："大写存在是单义的"；"它不能由自身有意义，因为它没有意义的意义"；"它因此是无意义"；"此无意义是（本体论）意义的赠予"；"有差异意义如同是大写存在单义性的机器拟像（无意义如同多样地来到存在者的意义的名字）。"

所有的问题都在于掌握履历的统一性，不任其掉落于分裂大写存在的范畴形式中。藉由使用下降与上升的影像，我们自我暴露于其中，尤其是作为一个好尼采主义者，德勒兹拒绝意义的垂直布局。意义"不属于任何高度，它不在任何深度，而是表面的效果，与作为它自身面向的表面不可分离"（L. S.，90）。我们同意"上升"与"下降"在这里只是名字的强制配对，为了命名思想存在所是之物而被要求：**一种**直观，整个是在表面与表面的运动，暴力的**表面张力**。

然而，或许是在柏格森一个案的推动下，德勒兹最佳地说出了他直观方法的双重集成运动。德勒兹是柏格森的神奇读者，依我看柏格森是他的真正师傅，更甚于斯宾诺莎，可能更甚于尼采。我们因此要求——暴露在柏格森的命令下——运动是什么？为了如此，分辨了三种层次：被其区分的特性（与因此不透明或隐晦的）所明确定义的客体（封闭的集合）；然后是平移的基本运动，改变客体的位置，其立即或空间经验是清楚（与因此混淆的）的运动；然后是整体，或绵延，其不停改变，而且是一种精神实在性（这意味着它是非分配、非分布的，它是如同客体二义性意义的单义性生产的无意义）。

因此必须说"运动有二面（……）它发生在客体或部分之间，（而且它是）表达了绵延或整体"。（I. M.，22；cf. 选169—174）我们承认在拟像的明证性与它根据大写的一的表达值之间有着根本的区别。被给予在运动的哲学直观中的双重经历如同对此区辨的主动摧毁而被述说，或如同根据**一种**二重性（duplicité）的运动双面思想。必须被思考之物，是"将封闭系统的客体关连到开放绵延（我们承认由存在者到大写存在的直观下降面向）与将绵延关连到它强迫开敞的系统客体（我们承认**大写**存在到存在者的上升面向）"（ibid.）。

然而为何这双重经历被建立来意指直观？无疑地在此有柏格森-德勒兹最深邃的观念：**当掌握了下降与上升、存在者到大写存在然后大写存在到存在者的双重运动**，事实上便已思考了大写存在本身的运动，其只是在二之间（entre-deux），或两种运动的差异。如同德勒兹所写的："通过运动，整体在客体中切分，而且客体在整体中汇集；而且正是介于二者之间，'整体'变化了。"（ibid.）单义的大写存在实际上只是其拟像的表面运动，又同时是它们强度的本体论同一性，既是无意义又是意义的普遍赠予。如果思想控制二者，是强制它作为两种运动的运动之物，它对于大写存在是充分的。

我们可以对德勒兹的直观方法下结论。当思想达成建构无范畴的循环路径，在存在物的表面引领个案到大写的一，然后大写的一到个案，它直观化了大写的一自身的运动。而就如大写的一**是**它自身的运动（因为它是生命，或无限虚拟性），思想直观化了大写的一。由此，如同斯宾诺莎出色无比地说的，它抵达了知性的至福，这是无人称的快感。

虚拟（le Virtuel）

"虚拟"毫无疑问地在德勒兹作品中是大写存在的主要名字。或者不如说：虚拟/实际（actuel）的名词配对穷尽了单义性大写存在的开展。然而我们认识大写的一的德勒兹式逻辑：为了大写的一，必须有两个名字，**以便实验被名词配对意指的本体论单义性所操作的这些名字中的唯一一个**。必须虚拟/实际对偶以便实验出实际的存在者是根据其虚拟性单义性持有其存在。在此意义上，虚拟是实际的基础。

会有人反对说，德勒兹，作为现代哲学家，离弃基础的概念。难道今日所有的思想不是都有一个主要的特点——被基础、底座、基底的主题所攫住吗？难道没有看到普遍盛行"无基底的基底"的宣称、所有基础的撤销、人类存在的纯粹"弃置"（jeté-à）、深渊、所有命运基石的不存在、原初大地的荒芜、意义的丧失、强制的虚无主义？德勒兹，如同我们所有人，在这个合唱中呈现了他的一份，没有对这种练习所招唤的、以"基底"为字根的文字游戏表示厌恶。对于拟像与其肯定的、反柏拉图的主权，他宣称"远非是新的基础，它吞没所有基础，它确保普同的崩塌（effondrement），然而如同是主动与欢愉的事件，如同**非基础**（*effondement*）"。（L. S.，303）

我们理解到，存在者如同大写存在拟像的简单表浅强度的德勒兹式（尼采式）发现，似乎将所有悲怆（pathos）的思想发配到基础。实际上可以从基础的观念给予一种狭义的版本。每一次提出存在者是**大写**存在形式的复本（以柏拉图感性是知性的影像之意，或 Saintes Ecritures 的人是由神的"影像"所创造之意），同时是理论与道德的命令就是轮回到复本的实在原则，到理想的**大写**范型，如同回到建立表像游戏之物。基础的寻觅因此被连结到存在者的**模仿**观看（vision *mimétique*）。而且此观看有两个结果：一方面有着**大写**存在的必然二义性，根据它被说的实在基底、典范，或者根据它被说成是模仿。另一方面，思想必然是范畴的，因为它必须根据相同于基础之物分配大写存在，且根据只相似于它之物。基础的思想，被掌握在这个狭义中，连结到相同与相似的范畴。

正是由此思想出发德勒兹的单义性陈述了废墟。就大写存在动态威力而言，毫无可接受的理由让存在者相似于比它们更本质的任何事物。它们是大写的一的内在性生产，而绝不是被相似所管理的影像。它们是单义性的偶然模块，而且远远离开所有模仿的阶层，只通过选言综合才在它们的安那其共存中成为可思考的："拟像不是一个贬黜的复本，它藏有**既否定原初又否定复本、既否定范型又否定再制**的正面力量。"（L. S.，302）

我们亦理解了，完全异于一般对基础丧失的指认所伴随的忧郁与悲怆，反叛于当代世界如同流放的看法，填满着忧伤与命运的昏暗，德勒兹以尼采式的伟大笑声向拟像的报复、虚构的均等离散分配、图像的颠覆等致敬。这是我特别赞赏的一个德勒兹行为：一种对世界如其所是的不可动摇的爱，既外在于乐观主义也外在于悲观主义的爱，赋予意义的爱：它总是徒劳的，总是在所有思想这一边，在判断世界这一边。

当然，如果我们，如同德勒兹在《褶子》最后几页所做的，像宇宙的隐喻般思考音乐的秩序，我们会观察到今日"和声失去了所有地位的特权（或秩序的所有特权关系）"与"发散能被肯定，在逃离自然音阶（échelle diatonique）与所有调性消解的系列中。"（P.，188）我们可以说当代音乐是无基底的（in-fondée），比如斯托克豪森（Stockhausen）[1]"同一了变异与轨迹"（P.，189）。这意味我们的世界，相反于莱布尼兹的最终原则，不会如同**大写**

---

[1] 译注：卡尔海因兹·斯托克豪森是二十世纪德国最伟大的前卫作曲家、钢琴家、指挥家、音乐学家，2007年12月7日逝世，终年79岁。斯托克豪森是一位广受争议的20世纪作曲家，而且对整个战后严肃音乐创作领域有着巨大的影响。

和谐般再现，它确切地是在选言综合中诸系列共存的世界，这在莱布尼兹眼中是不共可能的（incompossibles）。然而这却是必须欢喜之事。不是阴郁的轮回到一个超越性的标准与审判，发散以其自身就"优越于"收敛，或不合谐优越于和谐，然而这是因为**这个**世界是我们的世界，而且思想总是一种对存在者的（困难、苦行的）均等肯定。

重新思考的基础

然而可以仰赖德勒兹所给予基础的狭义版本吗？这个范型与复本、相同与相似的历史，所有这拼装的柏拉图主义，是如此重要吗？在相信终于终结基础或"颠覆"柏拉图前必须再多看一眼。再说，对黑格尔也一样，由马克思所颠覆的毋宁说是在哲学中悠长永存的支持。

可以合法地将"基础"称为被决定为所有特异存在者的真正基底，使存在者的差异在它们存在的单义决定中如同纯粹形式般出现。便是在这个方向上，而不是在理想范型与其经验模仿的图像化隐喻这边，必须导引对柏拉图很警觉的阅读（大写观念如同存在者将它暴露于它的存在中思考之物）。基础如同是存在者的这个永恒"部分"，在**大写**存在的绝对统一性中装载着变异性与模糊性的意义。在这个意义上，不仅德勒兹哲学是一种基础的思想，而且在当代的所有布置之中，它亦是以最固执的方式重新肯定多样思想需要一种严格的**大写**存在如同**大写**一的决定作用。我们说德勒兹哲学，就如同我的，是坚决地**古典的**。而且在材料上定义古典主义是相当容易的：所有不归顺于康德批判命令的哲学，将康德对形而上学的内部诉讼视为完全无效的哲学，以及因此将重新思考世界就是它所生成之物，即基础的单义性的这个必要性对立于所有"重返康德"、批判、道德等。

在这条路上，虚拟在德勒兹作品中占据一个战略地位。这也是将我硬生生扯离他的概念。我很乐意地说，如果我企图建立一个多样的柏拉图主义，那么德勒兹则致力于虚拟的柏拉图主义。他从柏拉图保留了大写的一的单义主权，但大写观念总是真实的却被牺牲了。对他而言，大写观念是虚拟的整体，大写的一则是不相似生产的无穷储藏所。相反地，我主张多的形式如同大写观念总是真实的，虚拟的不存在，而且我摒弃了大写的一。结果是，对我而言，德勒兹的虚拟基础停留在一种超越性中，对他而言，是我的多的逻辑，未原初地关涉到大写的一的行动，失败于未能将思想维持于内在性之中。可以说我们所对比的古典主义无法达成相互的理解。

在 1994 年的初春，我向德勒兹提出异议，虚拟的范畴似乎对我而言维系了一种超越性，以某种方式被移动到世界的拟像"下面"或对称于古典的超越性"彼处"（audelà）。

而且我将这个倒置的超越性维持连结到大写整体范畴的维持。将大写存在的完整真实性，重新肯定为纯粹的杂多，我提出，在我眼里，内在性排除了大写整体，而且多样的唯一停止点，这永远是多之多（而不是一之多），只能是虚无之多：空集。

德勒兹立即承认此刻我们已位于我们论争的核心，因为对他而言，实际只由**事物状态与经验**所建构，内在性平面只能是虚拟的，而且只包含虚拟性。他一如往常坚持虚拟的**真实性**，而且根据三个主要评点抽离出它的基础功能：

1　虚拟在它的混沌形式下是绝对的反谓词给予（donation antéprédicative），是所有哲学思想的非哲学预设。如同意义的给予是通过无意义的操作，连贯性的真实（réel consistant），包括虚拟-真实，亦是对原初不连贯性的分化（尽可能地接近真实）的建构。这是在所有思想之前如同"有"（il y a）的基础。

2　在建构了浑沌切片（内在性平面），或者说，在**哲学地**思考的条件下，由所有实际（事物状态与经验）抽离出它的虚拟部位，而且思想只专注于虚拟性（或平面只群聚着它们）。这样，连贯性被给予了虚拟，如同真实一般来处理它，作为将存在者装载于它的存在中之物来掌握。这就是如同思想建构准则的基础，保证概念隶属于真实。

3　当思想安置于，不在存在者的虚拟（因此是实在）部位的抽取之中，而在它们的简单抽象可能性中，且在它们的交互封闭游戏中，我们确然总是建构了一个平面，或一个混沌基础的连贯性的切面。然而，此平面只是"参照"存在者（事物状态与经验），把它们安排于功能之中。这因此并未超越描述：这样的（参照）平面最好亦不过是科学的（如果它涉及事物状态），最差则是现象学的（如果它涉及经验）。它缺乏基础。这种参照平面的理论，它在统一科学与现象学上是很出色的，是一种否定验证，德勒兹在此重拾形而上学对科学的古典诉讼：它是"真的"（德勒兹比较会这么说：它是一种思想，一种建构，浑沌的切面），然而它未抵达它自身真理的基础（德勒兹比较会这么说：它未建构内在性，它未实现虚拟）。

这是何以德勒兹不能理解我将集合论作为纯粹多样的本体论思想指引。缺乏了所有对虚拟的开敞，无时间性的真实性，集合对它而言是数字且由事物状态、科学、简单的参照所重建。我徒然地辩护，褶子、间隙、拥抱、锯齿、碎形甚至浑沌等类形的所有形象都在集合的某些家族中有其图示（schème），甚至被延伸、思考为集合论组态巨大开展（这穷尽了多样意指）的特殊个案，但毫无效果。我们的论争投射在集合/多样性的对偶上，至于基础（实际之多对立于虚拟——）毫无机会达成一种综合。德勒兹采取行动赞赏了他所谓的我的集合之歌，然而坚决护住了我们交流中的阻碍：我"意欲"多样性是集合，而他"意欲"多样性不是。

虚拟之歌

必须要理解，以激情方式展现且无论如何很诗意的、虚拟的德勒兹之歌。我们以五种不同的变奏来理解，且没放弃在文末引入一些不和谐。

1　虚拟是存在者的大写存在本身，或是作为大写存在的存在者，因为存在者只是大写的一的模式，而且大写的一**是**这些模式充满活力的生产。绝不要——德勒兹说这是"唯一的危险"（D. R.，272，选文157—164）——混淆虚拟与可能。一个关连到其可能性的选择只是意味着我们将它的存在与它的概念分离。它的概念握有事物的特征整体，而且考察着这概念，我们可以说事物是可能的，这意味着：它能存在（exister），它只欠缺实存（existence）。然而，如果实存可以欠缺，所有剩下的都将在概念中如同可能般被决定，因为实存是"粗糙的涌现、纯粹行动、跳跃"（D. R.，273）。实存的这种构思让德勒兹绝对地反感。存在从不是一种粗糙的涌现，或一个跳跃，因为若是如此，可能的存在与实在的存在必须是大写存在的区辨意义。这将跌出单义性之外。存在，就是如同拟像与在大写的一表面的强度折射一样到来。而且结果是，大写的一，**在**存在者中，完全可以是虚拟的，存在者是其实际化，或差异化，不论如何它都不能如同可能与实在一样与存在者分离。事实上，所谓的可能从来只是真实所制造的影像，可以这么说，它是大写存在不可指派形式的前置物。这是镜子游戏："可能被构思为真实的影像，而真实被构思为可能的相似性。"（ibid.）根据德勒兹，可能是一个柏拉图主义的范畴，存在之物在此必须类似于概念，概念实际上则被"相似于它的影像所回溯制造"（ibid.）。相反的，虚拟实际化于如同内在性力量的存在者，而且避开与它实际化的一切相似性。"虚拟的实际化总是由差异、发散或差异化完成，实际化打破如同过程的相似性与如同原则的同一性。从来没有实际的项目相似于它们所实际化的虚拟性。"（ibid.）

虚拟之歌因此取得最强势的语气。因为，相反于可能的模糊性抽象，虚拟是大写的一在它内在性差异化的开展，必须如同新意，如同在自身表面自我差异化的大写的一的无限权力证明般构思实际化，权力就是意义，换言之，是意义给予的疯狂行动："实际化、差异化，在这个意义上总是一种真正的创造。"（ibid.）实存从来不应是可能的，因为它同时亦是、亦意味着根据它所实际化的虚拟所思考的存在者不是创造物，而是创造。

2 可能对立于真实，而且立即将思想投入模糊与模拟中。虚拟则是绝对真实的。特别不该将它再现为真实的潜在复本或原初幽灵。虚拟是为了实际化的过程，它**是**这个过程。而且当然地，思想需要虚拟与实际的形式相区分，唯名对立，以便支助直观的双重运动（如同虚拟的实际化来思考实际，如同实际的生产过程来思考虚拟）。因此可以说虚拟（形式上）对立于实际，但必须记得，这两者都是真实的。前者如同是大写的一的动态层级，后者如同拟像。最终，重点在于实际化的发散过程，真实由此开展自身，以不同力量的不同等级，如同投入它所实际化的存在者中的虚拟交缠之中。

假设虚拟是真实的，甚至是真实的大写的一之面貌，就是思考大写的一，来自其拟像的纯粹力量，从未被整体给予的模式本身。它不能如此，因为它的真实就是不停地实际化新的虚拟性。假设虚拟是真实的便转而成为——德勒兹在柏格森的影响下写道——创造的圣歌："如果整体不是可给予的，是因为它是开敞，而且不断改变或使某种新的事物涌现，简言之，绵延，是它的特性。'宇宙的绵延只应成为一，伴随能在其中找到位置的创造纬度'。"（I. M.，20，引用的是柏格森《创造进化论》）

3 将虚拟构思成一种未决、一种只有实际存在者所同一化的可能性无形储存所，也是错的。如果虚拟是这种秩序，就必须根据它未决的意义，以及根据决定的意义来思考大写存在。虚拟与实际的配对相似于亚里士多德物质与形式的配对。可以说"虚拟"成为一种范畴，而至少以两种意义被说的大写存在就不再是单义的了。因此必须将虚拟思考为"完全已决的"（D. R.，270）。这要说什么？为了让我们理解虚拟也是与实际一样是已决的，德勒兹最爱的例子是数学。一个数学问题是完美已决的，它的解答也是。就特异存在者而言，它作为被它所实际化的虚拟性所承载问题的解答是实际的。虚拟性，如同问题，是完美地差异化与已决的，它也跟实际存在者一样都是真实的，如同问题跟解答同样都是真实的。而且最终，实际与虚拟丝毫没有相似性，就像解答与问题丝毫没有相似性。可以这么说，虚拟是问题的场域，实际则提出了一个解答。

生物学个案与数学个案是一样的：已决的组织体既如同创造性冲动的非组织性生命差异化，而且被必须解决的问题如同被它自身的虚拟性所承载："如果组织体不是某个问题的解决，它丝毫不存在，而且它的每一个器官也一样，像是眼睛，解决了光线的'问题'。"（D. R.，272）所有创造都同时是解答。

因此必须理解，通过双重决定虚拟是基础。它如同问题、如同被发明解答的虚拟性是已决的。然而通过在问题多样性的虚拟中循环，或实际化的胚芽，它亦是已决的，因为所有虚拟性都干扰其他，就像一个问题只如同问题性场域而建构，毗邻于其他问题。一个问题（一个虚拟性）如同另一个问题（另一个虚拟性）的差异化被决定。大写的一的权威因此是双重的，一方面，实际以如同虚拟性被思考的大写的一的过渡模态存在；另一方面，问题或虚拟性有如同一般问题性的真实之虚拟，如同问题与其解答的普遍权力。虚拟对于实际是基础，作为实际所实际化的虚拟性存在。然而虚拟也是自身的基础，因为在它差异化它们或问题化它们的条件下，它是虚拟性的存在。这就是被德勒兹称为双重循环的逻辑："记忆、梦、甚至世界都只是相对、表面的循环，依赖着整体的变异。这是实际化的程度或模式，在实际与虚拟这两个极端间分段置放：在小循环上的实际与**其**虚拟，在深度循环扩张的虚拟性。"（I. T.，108）

要指出的是，就如同在基础理论中几乎总是一样的，这里不可能避开深度的隐喻：有一个虚拟的决定从表面升起，或从"小循环"，关连到实际之物（差异化的拟像，存在者）。然而有一个"深层的"决定，涉及虚拟性自身的扩张与差异化，而且无论如何它如同是大写的一（或整体）的内部。如此的基础当然是二者的直观统一，亦即与实际虚拟性以大写的一的多种形式扩张共时的虚拟思想，然而这个直观决定总是必须攻克的，而且要求思想具备某种**速度**。至于书写，这个直观所再连结之地，它亲缘于德勒兹所说的，根据福柯的言说形构：语言"不是普遍的逻各斯，而是会死的语言，适于推动亦偶尔适于表达变形"（F.，22）。

4 如同客体的基础，虚拟不应外在于客体本身被思考。如果实际因实际化而存在，而且如果实际化是虚拟的过程，必须取得这个有点怪异的结果："虚拟应被定义为实在客体的严格一部分——如同客体有一部分在虚拟之中，而且浸入虚拟如同在客观面向。"（D. R.，269）如果事实上虚拟被分离于实际客体，我们就打碎单义性了：大写存在以分享被说，根据客体的实际与非客体的虚拟。

然而，这个客体部分的教义并不简单。德勒兹自己提出问题："如何能同时说完全决定，又只是客体的一部分?"（D. R.，270）答案在我看来，不太令人满意，而且我由此看出虚拟理论的失败点。这个答复事实上要求"所有客体都是双重的，无需它的两个半面相似，一个是虚拟图像，另一个是实际影像"（ibid.）。可以看到德勒兹在这里由所有客体或所有存在者所提取的部份只是一个拟像：可以实时地注入一个双重的内在性理论，由一种视觉的隐喻所支持（影像的双重可能身份）。然而很难理解虚拟何以能被记录在影像中，因为这似乎是实际的身份本身。虚拟，如同大写的一的力量本身，对它而言不能是一种拟像。它无疑是致使影像化的（imageant），但丝毫不是被影像化的（imagé），或影像。视觉隐喻是跛脚的。确实最好是调整成这么说：实际存在者是一种"虚拟影像"，此意味着它的两个面向，但它仍然不可能将实际与虚拟分配成客体的**部分**。

这明确是为了不掉进我所提出的这种困窘之中，对我自己来说，实际的单义性如同是纯多，既牺牲了大写的一也牺牲了影像。因为德勒兹举例展示了当代对于重建大写的一最神奇的努力，对于实际客体的思想，付出了代价，就是不可避免地如同影像被一种极不可靠的双重理论决定。

5　为了进行彻底思考而不牺牲大写的一的权力，虚拟如同是真实客体的部分，因此存在者-影像（étant-image）如同切分为实际部分与虚拟部分。德勒兹进入一种不可区辨的分析之中。在此他如同在他系统中的所有节点被柏格森指引，而且特别地被关于时间涌现的著名主题所指向："在它奠立或开展的同时裂解：它裂解为两个对称的映射，其中之一使所有现在逝去，而另一保存所有过去。"（I. T.，109）很容易便可以在现在的经过中辨识出实际，而在过去的完整保存中辨识虚拟（或大写的一，或大写存在）。事实上有"逝去的现在的实际影像与自我保存的过去的虚拟影像"（ibid.）。实在的客体因此确切如同时间，它是分裂或二重性。可以说客体-影像**是**时间，亦即再次的、连续的创造，但实际上只是在它的切分中。

然而，如果将它关连到大写一的纯粹与简单表达性上，这个分裂保持着神秘状态。难道不应下结论说大写存在根据（如同封闭实际性的）现在与跟据（如同虚拟整体性的）过去被说？这实际上整个是柏格森的问题，对他而言生命的创造性威力——这是大写的一的名字——不停地生产双重性，他从未保证它们最终不会是范畴、大写存在的模糊性的分有：物质与记忆、根据绵延的时间与空间化的时间、直观与概念、演化与种类、导向蜜蜂的谱系与导向人的谱系、封闭的道德与开放的道德……还不算经常由分裂所定义的生成，这便离未被期待的黑格尔不远了。

为了驱除模糊性与辩证法的双重幽灵，德勒兹最后提出，客体的虚拟与实际两个部分如同被分离的部分是事实上不可思考的。不存在区辨它们的任何标志、任何判准。它们是"区辨然而却不可区分的，而且愈是区辨则愈是不可区分，因为不知道哪个是这个，哪个又是那个。这是不平等的交换，或是不可区分性的点、相互的影像"（ibid.）。最终，虚拟就是基础，代价是客体是"两个区辨的影像，实际与虚拟的不可区性的点"（I. T.，110）。

因此可以说，如同是虚拟基础的完全决定意味着**一种被奠基者根本的不可决性**。因为涉及客体两个部位的"不知道哪个是这个，哪个是那个"必然使得直观的决定迷失方位。

这个英雄式的努力因此于我似乎不能贯彻到底。即使持续地被思考成可能的区辨、绝对的真实、完全的已决与实际客体的严格部分，虚拟并不能如同基础被调校大写存在--的单义性。渐渐地，正是实际或存在者非真实化、未决化与最终非客体化，因为它幽灵般地自我切分，德勒兹试图把它由非真实、未决、非客体性中拔出。在思想的这个轨迹中，大写的二被安置而非大写的一。而当无论如何为了拯救大写的一必须来到不可思考的大写的二，来到无可救药的不可区分性，来到"交互影像"调解与隐晦的隐喻，可以说虚拟已决绝地不会好于作为它的颠倒的目的论

（它命定一切，而非是一切的目的）。要召唤斯宾诺莎来反对他的主要、甚至唯一的现代门徒，特别地艰难：虚拟，如同目的论，是无知的庇护（*ignorantiae asylum*）。

我因此应该回来，这是哲学的律法，思想的纪律，在此讨论既是无所不在的又是只有内在效果的，以我自己唱的歌来总结：大写的一不存在，只有实际的多，而其基础是空。

时间与真理

　　我曾有一个机会讲德勒兹的哲学，就像我的一样，是古典类型的（大写存在与基础的形而上学）。涉及我自己的事业，这个古典主义的古典结果就是真理观念的中心位置。正是在建构这个观念——我们的时代条件将它弄得极端复杂的建构——《存在与事件》的主要部分便是献身于此。因此我们很自然地会问：对德勒兹而言什么是真理？而且特别地：假设存在者是拟像且因此假设它在尼采传统下显示了"虚伪的巨大力量"（L. S.，303），它会阻止作为基底的虚拟成为一种直观可能真理的保证吗？

　　德勒兹往往以否定方式标志哲学对真理问题的促销。他写信给我，说他从未对这样的观念感到需要也没有品味。对他而言，他说，真理只是超越者与由此展开的基础的关系。它从属于**实际的可能性**，然而虚拟的真实则是真理之外的另一回事。真理必然是模拟的或模糊的，而概念则绝对是单义的。

缘由因此似乎就是这样了。真理观念被德勒兹指向、好一点说是唯一的科学（在参照层面上），因为它要求：

——超越的点（这因为内在性＝单义性的等式而违背单义性，可以改写为多样性＝大写的一）；

——未将实际存在者发回给奠立它的真实虚拟性，而是发回到可能的镜子游戏；

——模拟的路径，假设了范畴的使用，大写存在在此被分有。

而且，还可以为这个判断很不错地摘要说：对于德勒兹，真理是一种范畴，甚至是范畴的范畴，或大写范畴：它是规范的（它需要判断的超越性）、模拟的（它二义性地被大写存在的所有形式述说）、抽象的（它检证可能性，而非实际化虚拟性）与中介的（它如同目标般固定于生成它存在的内部化，这是它的真理假定）。设想德勒兹宣称对真理的范畴"毫无品味"，在他的逻辑下，这是一个判决，远远严重于他声称中的不一致："品味"，如同情感（affect），事实上标示了直观的置入运动。然而我们才刚指出为何直观、威力的双重履历，与根据真相的评价无关。

虚伪的力量

然而，涉及真理有着相同于基础的问题被提出：德勒兹所从事的明确概念难道不是很特异的狭隘吗？难道它不是依赖"柏拉图主义"，为了它的理由需要，建构成一种骸骨般的影像？当他惊讶于赞扬多样拟像上升的欢愉之歌（这我们已经展示了，或许少于对大写的一胜利的欢愉），德勒兹使用极美的影像，颠覆了《奥德赛》。他说，这是"虚伪觊觎者的胜利"（L. S.，303）。然而，他立即补充，"虚伪的觊觎者不能被说成相对于假设真理范型的虚假"（ibid.）。它的胜利是"作为机器性、狄奥尼索斯式的机器的拟像功能的效果"（ibid.）。

假设这个机器效果摧毁了模式与其模仿的层级格局，（我们）可以毫不犹豫地同意。然而"真理"只在判断模仿的外貌与重建实在本质的权力这个意义上被说吗？我们很想要"拟像藉由上升到表面使相同与相似、范型与复本在虚伪力量（幻影）下倒塌"（ibid.）。只是，在这件交易里，"虚假"只关连到精确建立在范型的相同与复本的相似上的真理范畴，这是我不以为夸张地主张没有任何哲学家曾不同于中介影像来推展，而他们的全部思想任务便在于摧毁它。特别是柏拉图的个案，他在比如说《巴门尼德篇》的开头投入于建构这影像的虚幻，且大量地加以运用。

问题因此还完整停留在知道德勒兹很能理解的对真理的模拟构思（真相如同是模拟于其存在的部分，或其大写观念的忠实复本），"品味较少"是否意指没有某种深刻的品味，而且更秘密地，是以一种我在他的风格与在他的思想中所察觉的粗暴礼貌，不可缓和的辩护者。正是由于真理取得名字的曲扭，所得到的观念是：假，虚伪的力量。而且这个真理程序不再是判断，而是（依据直观的要求，我们已看到，那是回路式经历）一种**叙事**。

在《时间-影像》——由柏格森个案出发的思想经验——的这个段落里，必须敏感地看到，在我看来，阅读真理观念的确切德勒兹式到来的残酷确实性之细微变化：

> [……]叙事停止成为真实的，亦即意图为真，以便成为基本伪造的。这绝不是"每个人都有真理"，一种关于内容的变化。这是一种造假威力，取代与篡位了真的形式，因为它提出不共可能现在的共时性，或不必然真的过去共存[……]伪造的叙事对现在提出不可解释的差异，对过去提出真假之间不可决定的交替。真理的人死了，所有真理的范型崩塌，以便于新的叙事。(I. T.，171)

这段文字引发五个评注：

1 "真理"还在衰亡且总是在范型（与复本）的限制主题之下。"真理的人"的死亡从来只是这个被命名为"柏拉图主义"的尼采式建构的死亡。

2 在真假之间提出不可决定的交替（为了避免混淆，这里最好说在真理与错误之间）总是真理运动的建构。柏拉图就是一个榜样，对他而言疑难（aporie）是真相被迫的过道，而且他不犹豫地开启了整个关于**绝对**不可决定性的文本（如同教授美德的可能性**与**不可能性，或者大写的一既存在**又**不存在是错的）。

3　如同柔软与悖谬向量的叙事主题与哲学同样古老。阿喀琉斯与乌龟的故事、关于未来偶然性论争的轶闻（德勒兹自己名符其实地作为最大的个案），完全展示出海伦是卓绝的，然后，海伦是卑鄙的，这个辩护不等待博尔赫斯（绝妙的）作品，亦不等待"新叙事"，以便于所有真理理论的实验性快乐。在此，柏拉图再次现身为师傅。谁能主张在《理想国》最后，伊尔的神话（mythe d'Er le Pamphylien）是一个透明的故事？这只是铁蒺藜与分岔口。

我要补充的是，我个人总是将真理构思为偶然的路径、无外部律法的后事件性出游，因此叙事的资源**同时**与数学化的资源确然在召唤着对真理的考察。由虚构到论据、由影像到格式、由诗到数元（mathème）的循环，博尔赫斯实际上已给出震撼的例子。

因此"虚伪力量"的程序可能明确不可区分于真相理论的编目程序。

4　由不可区分性可以找到一个简单的解释。

对于像我这样思考大写存在单义性的人会要求它的完整实际性，真理的主题如同存在者根本存在的部分［大写观念之于柏拉图、否定之于黑格尔、起源的（génétique）

在我所尝试思考之物中……] 之内在性登录般建立，它本身是实际的。仅在难题、曲扭叙事、诡辩的论据资源中被处理的困难就是**大写存在-真相**的**实际形式**的建构定位，因为不能将它们指向任何虚拟性。应该说，真理在实际存在者无限开展中的**形式隔离就是规约**。

反之，对于要求大写存在单义性必须在本质上虚拟的人，将真理主题强制如同是**力量**。就力量角度而言，存在者的实际形式可以被拟像、虚假的无政府主义的层级所执掌。因为真理同外延（coextensive）于大写的一--虚拟的生产能力，而且不如此存在于被隔离掌握的任何它的实际结果中。困难因此完全不再是在实际中隔离出的真-形式，而是接合拟像的无政府主义与内在性的肯定-真。然而，这个肯定不存在于它的实际化之外，而且力量真的是**虚伪的力量**。任务因此是在个案与假形式中循环，以至于在它们的束缚下，苦行般暴露于它们的狄奥尼索斯式的机器化，我们震惊于将全面化"下降"到大写的一 ——真与"上升"到大写的多——虚假的直观履历。如此力量的直观。问题是，其召唤着真相实际形式的隔离问题的相同资源（在赞美歌与算术间对所有木料点火），在于**虚假的实际形式的真的虚拟的总和**。然而，这仍然而且总是涉及真理的提问。

德勒兹赞扬说："在'威力意志'的名义下尼采以假的威力取代真的威力，而且解救了真理的危机，一劳永逸地解决它，然而，对立于莱布尼兹，是为了假于它的艺术的、创造的威力……"（I. T.，172）可以对他异议，他所描述的操作是同语反复的，如果你思考真如同（虚拟）威力，而且不是如同（实际）形式，真的形式保证是这威力的假-产品。反之，如果你思考真如同（实际）形式，（虚拟）威力将是绝佳的虚假-形式，非实际性（inactualité）的**起源**形式。

最终，"虚伪的力量"确是借自尼采的真理德勒兹式名字。

5　在这条通向虚伪的力量的路径上，你会注意到时间的问题。归功于博尔赫斯之物，使它"篡夺真的形式"之物，涉及的是现在与过去的叙事操作：其真理或错误是可疑的过去之共存，而它们都被认为曾经发生；必须排除的现在同时性。对于德勒兹，真理（虚伪的力量）与时间似乎属于相同的思想记录。而事实上这就是例子：真的德勒兹式观念之"皇家大道"就是它的时间理论。

时间至上与去时间化（détemporalisation）

真理与时间的连结首先取得一种否定的指认形式："如果考虑到思想史，会看到时间总是将真理的观念置入危机中。"（I. T.，170；cf. 选文 175—177）为了证明这个论题，德勒兹动员（我们已经暗示过了）偶然未来的悖论，希腊哲学的伟大论述（*topos*）。让我们回忆一下这个模式。假设底下这个陈述为真："事件 x 明天可能发生。"这是现在支持 x 可能不发生（否则为真的陈述将是："x **应该发**

生。") 然而, 如果 x 明天发生, 会导致这个真的思想 (x 可能不发生) 将是错的, 因此应该放弃作为 "已经发生" 的过去总是真的观念。然而就如同不可能 (x 没发生, 从 x 已发生后已不可能) 将被它自己 "真的" 可能性所产生 (去思考 x 不发生是可能的)。

什么是德勒兹使用这个 "悖论" 的用法? 因为在真理与时间形式间不可能有简单的连结。这就是何以, 这么长久以来, 哲学被定罪为 "在永恒或在模仿永恒者中驻扎真, 远离了存在者" (ibid.)。造假威力的理论解除了这个定罪: 时间才是第一的, 真理必须被废黜。

注意到这个结论从来不是一个选择。从真理与时间关系的现实困难, 可以作出结论而不看到 "定罪", 这是矛盾与经验的时间范畴, 而且删除它是合法的, 甚至是欢愉的, 以利于真理。这就是我所想的: 真理是实际的多, 其 "狄奥尼索斯" 价值比不管任何对时间的现象学救援都更高。我甚至很乐意说, 这价值总是有一个信念作为背景, 就是 (科学的、政治的、爱情的、艺术的……) 真理的实际性是跨时间性的 (trans-temporelle), 我们现实的当代阿基米德与牛顿, 斯巴达克斯与圣鞠斯特, 紫式部夫人 (Dame Murasaki) 与爱洛依丝, 菲狄亚斯 (Phidias) 与丁托列托 (Tintoretto)。这意味着, 我们与他们、在他们中取得时间综合而不需什么必要性。

表面上, 德勒兹支持相反的想法。他较喜欢时间而非真理，而且更由于"唯一的主体性就是时间，掌握在其基本中的非历时性时间"（I. T.，110）。表面上，因为在上面的用语中，必须小心时间的奇怪决定（"非历时性的""掌握在其基本中"）。问题复杂之处在于，对德勒兹而言，如下我们所展示的：

——时间**是**真理本身；

——作为真理，时间不是时间性的：它是完整虚拟性；

——在过去的绝对存在与永恒性之间有不可区分性。

因此说德勒兹的古典主义总结如下并不夸张：思想根据一种本质的直观，而且特别困难地，**虚伪的时间之力与真的永恒性是单一与相同之事**。其存在模式是（永恒）回归的永恒性。

这个陈述再一次让德勒兹成为一个不自主的柏拉图主义者。我们认识这个大师的用语："时间是永恒的动态影像。"首先可以确信这用语浓缩了德勒兹弃绝的：感性时间、具体时间、被化约为永恒范型复本的可怜状态。然而如果将影像参照于——如同一定要的——它的拟像存在本身（而非模仿），将永恒性参照到**大写**一如同不平等的虚拟，便可以理解对于德勒兹也是、对于德勒兹特别是，时间有表达永恒的本质。就像他清楚无误地说的，时间-影像，安置于**大写**整体的创造性威力之中，是"立体-影像，在运动本身之外"（I. M.，22）。这就是说，时间的深层存在，其真理，是不动的。

然而，如何思考这个不动的整体化，它奠立了时间的动态？德勒兹再一次投入柏格森的轨迹中。关键性的直观关系到两个观念。

一方面，过去"不建构在曾经是的现在之后，而是同一时间"（I. T.，108）。这点严格符合大写的一的逻辑。如果过去只是现在的事后（après-coup），将不会有创造或威力，然而无可救药的缺席，它将是"逝去的现在"（présent-qui-passe）的空无生产。大写存在因此必须被说，在同一点上，以两种差异的意义：根据它的动态-存在，与根据它的缺席。有一种大写存在的乡愁式分有，没有什么比这个乡愁对德勒兹（与柏格森）来说更奇怪的了。过去是时间的一种肯定生产。远不是存在的丧失，或生成的不稳定性的虚无化，它是一种增长、存在的补充、并入大写的一的改变（然而大写的一就是它自己的改变）。现在事实上是大写的一的开敞之点（然而大写的一就是开敞），这里交换着（纯粹绵延的）大写的一的变异与表面的动态。在这点上，时间在**双重创造**的种类下分裂。时间是创造性的分裂："时间［……］现在切分为两个异质方向，一个冲向未来而另一个落到过去。"（I. T.，109）这个分裂是作为大写的一的威力布置的时间**操作**。因为必须所有都来到拟像的表面（这是如同"冲向未来"的现在的实际化），亦即大写的一在它的纯粹存在中的内在性改变（这是过去的创造性并入，它的**虚拟化**）。

另一方面，如此被创造出来的过去被并入一个巨大的整体"记忆"，这是如同纯粹绵延的时间存在，永久的质性变化，整个过去都在此如同整个虚拟般动作。再说，对应是严格的。就像所有实际存在者有它自己的在己虚拟性，所有现在也有他自己的在己过去。而且就像差异的虚拟性"在深度中"差异化而且这些差异化建构了虚拟，差异的过去也为了建构绵延或整体过去而堆积与组成。在所有这些例子里都有"一个介于现在与**它本身过去的**内部小循环"与"愈来愈深的虚拟循环，每一次都动员了整个过去，而相对的循环则浸入或沉入其中，以便实际地显现且带往它们的暂时成果"（I. T.，108）。

在影像的选择上（"暂时的"收获）可以看到浮现着介于现在实际面向的短暂动态与并入其虚拟面向的"整个过去"的潜在永恒之对立。

纯粹绵延，只与虚拟合为一的巨大整体过去，不能被说是时间的，因为它是时间的存在，它根据**大写**一的单义性意指。时间的不同层级都是这个绵延的"切片"，"切片"这个词在德勒兹作品里总是实际化的完全直观（被视为内在性平面建构的哲学本身是浑沌的一个切片）。德勒兹解释清楚了柏格森［或柏格森解释清楚了德勒兹，符应了（与现在共在的）过去的主动存在之物］，区辨了不动或瞬间的切片，这是客体；动态的切片，这是运动；与最后，这两个的基础，整体切片、平面，这确切涉及的是无时间性的大写的一，在此"客体通过深化，失去它们的轮廓，群聚在绵延之中"（I. M.，22）。

可以指出，基础的风格学总是拆解它所奠基之物：是通过放弃它们的形式与消解在它们自己的（虚拟）深度中，存在者（客体）最终根据大写的一的单义性被布置、思考、影像化。如同在所有伟大的古典思想中，**真理被拆解，或真理是作为其真理客体的变节。**

德勒兹的直观伴随整体（或大写的一）的全面决定到达顶点，在它时间奠基的无时间性中，如同关系。如果时间是真理，那么时间的存在必须如同真理的存在般能在所有时间的决定都被排除的这个概念中被思考，没有什么比这个展示更好了。

为何"如果必须定义整体，就定义为关系"（I. M.，20）？让我们在此跟随时间分析的线。一个客体从来只是绵延的不动切片，或现在的瞬间面向。因此它**在自身**不能有与另一客体的关系，因为没有任何纯粹现在直接与另一沟通。现在是简单与短暂的共存。因此有时间的关系，或某些事物如同时间，这只能是在深度上，在产生于整体**大写**过去中的特异过去之间的差异化，在虚拟性的"大循环"中。然而，这些深度的差异化就是整体的质性变化，或如同变化的**大写**一的存在。这导致，否定地，"关系不是客体的一种属性"，同时，肯定地，"关系［……］属于整体"（ibid）。在客体空间中的运动是——如同实际性或拟像——

客体-现在松脱的毗连性。然而在它的虚拟深度中，在它的真理中，它是大写的一的内部变化，通过时间的关系在表面表达之物，如同同时性、先前（Antécédent）、记忆、计划等等，当想象成它是现在的瞬间面向属性时就成为不可理解的关系。"通过空间中的运动，全体客体改变各自的位置，然而通过关系，整体转型或改变质性。"（ibid）

因此可以这么总结："由绵延本身或时间，我们可以说它是关系的整体。"（I. M.，21）正是这个关系整体-大写的，噢！多么的柏拉图主义！——德勒兹命名为"关系"。如此完成了直观，将我们由如同是真理场域的时间带往时间的去时间化。

记忆与遗忘

要注意到与柏拉图邻近亦是与黑格尔的邻近。如果时间（如同虚拟，或完整的过去）是关系，我们有远离这个著名的套语"时间是概念的在此（être-là）"吗？因为黑格尔也将存在者的知性安排在大写的一的生成法则之中，这既同时是大写的一亦是生成。因此他也必须既还时间一个公道，又最终地，也公道地在绝对观念的循环内在性中将时间去时间化（détemporaliser）。德勒兹与黑格尔的争吵在于操作的性质（否定的对立于表达的、辩证的对立于直观的、上升开展的对立于"受到褒扬的无政府主义"），而不在于总体的装配。

因此，总是似乎对我而言，我与黑格尔的争执对德勒兹亦有价值。

时间对我而言是一种由如其展现所衍生的范畴，而且它自身是多样的。我会说时间［或毋宁是**一种**时间，情势（situation）的时间］是概念的**"不在此"**（être-non-là）。真理总是时间的拆解，如同革命是时代的终结。对我而言思考真理因此是基本的，但不是如同时间，或如同时间的非时间存在，而是如同**阻断**（interruption）。

对我而言似乎相反于德勒兹与黑格尔所提出的真理最终是记忆，并入**大写**存在的它自身的实际化多产，绝对的过去。它们发散于——而且这很重要——记忆的结构中：**大写**关系，换言之，为了其中之一的虚拟化与差异化；阶段（Etapes），换言之，为了另一的宏伟与强迫的形象。然而，大写的一的主权总是有相同的结果：真理是由大写的一证实其如同是实际性的力量（德勒兹说），如同是实现性（effectivité，黑格尔说）的内在性保存（虚拟性，或概念）。

然而，如果"有"是纯粹的多，如果整体是实际的，而且如果大写的一不存在，那么并不是在记忆那边寻觅真。真理相反的是遗忘的，甚至是，相反于海德格尔所想的，遗忘的遗忘，彻底的阻断，被攫取于其效果的序列中。而这遗忘不是遗忘这个或那个，它是时间本身的遗忘，我们如同时间（**这**时间）从不存在地活着的时刻。或者，符应于亚里士多德最深邃的箴言，因为所有时间的共同存在是死亡，如同我们是不死的。这是，根据我自己，（政治）革命的实在经验，（爱情）激情、（科学）发明与（艺术）创作。正是在这时间的废除中产生真理的永恒性。

在他所写的关于真理最平静的文章中，在《福柯》中可找到，德勒兹接纳、或福柯让德勒兹接纳，在对于柏拉图主义的尼采式诅咒与**虚假**（*Pseudos*）的颂扬之外，存在着真理游戏，"真理与建立它的程序不可分离"（F.，70）。他将这个程序同一于选言综合，这完全是容许的，因为这综合、非关系的苦行经验，是所有导向真理如同关系的直观经历的强制出发点："真既不由相符或共同形式，亦不由两种形式的符应所定义（这涉及福柯，因此'两种形式'是可见与语言）。介于说与看有分隔。"（F.，71）然而，真的程序的竣工，德勒兹在福柯中所解译的，最终是记忆，而且甚至是"绝对记忆——或域外的记忆，在登录于迭层与档案中的短期记忆之外"（F.，114）。当时间成为主体就有真理前来，基于底下的意义：有绵延的直观，深入于虚拟的深层中，陷入全体过去如同大写的一的永久行动的长期记忆。主体的生成-真理，如同是时间的生成-主体，是"使所有现在在遗忘中逝去，但在记忆保存所有过去"之物（F.，115）。而如果遗忘划掉了所有轮回到现在之路，记忆从此奠立了"重新开始的必要"。

真理开始，如同选言综合或现在的分离经验，如同总是必须重新开始的记忆命令被完成。

换言之，没有开始，只有（在虚拟化道路上）被废除的现在与（在实际化道路上）上升到表面的记忆。

而这就是我无法苟同之处。因为我主张所有真理都是记忆的终结、开始的展开。

永久轮回与偶然

假设真理是记忆就是说：它是只由回-返到来之物，它是回归。而且真理不是时间的，而是同一于时间的存在，可以说成：它的轮回是永恒的。

支持底下这点是可能的：德勒兹将他作品的重点投入于辩护、延展、总是想更佳地理解尼采涉及永久轮回的奠基性直观。这是一个让人赞赏的评注，因为对我而言，所有真理都是一种忠诚。德勒兹的忠诚因为严重悖反常理（contresens）地持续威胁此主题而更是必要。如果在其作者最常给予的形式下理解直观，那么悖反常理就特别危险：相同的永久轮回。

相同是一种古老的哲学范畴，在柏拉图的《智者篇》，相同是五种"最高类型"之一，教导着（德勒兹认为）大写存在的模糊的分有。悖反常理阻止了良善被完全阐明，作为相同永久轮回的崭新狄奥尼索斯，悖反常理附属于相同的模糊性，其威胁是如此明确，以致尼采对于它自身与眩目的直观采取保留与半沉默的态度。

论三种悖反常理

永久轮回的主题至少有三种变型，构成了范畴，超越的抽象。

1 可以想到，永久轮回如同从它的主体、从大写的一本身被说。这是轮回的大写的一，而且是永久轮回。然而大写的一如何能轮回？可以，如果根据它的同一性来想它，大写的一＝大写的一，费希特所开始的点，而且是帕门尼德斯直观的可能理解 [大写存在是大写的一，因为它只自我同一如同"同一于自我"（identique-à-soi），而且它是循环的，或如同一个球，因为它只能根据这同一性轮回]。德勒兹将说：在相同的回归这种构思中，大写的一的同一性是"原则"（D. R.，164）。他接着说，大写的一，对于多的位置而言，处在超越的位置上。因为差异顺服于它，如同殊异顺服于它的原则。多样自身只因在退化、使同一原则变质与败坏的模式中参与而在同一回归中、在它的不损坏永恒中被攫取。多样被召唤到它的本质存在中，而它再现的被败坏形式被**大写**相同的回归、被大写的一是大写的一之物的再肯定所订正与改正，如同某些宗教信仰，而所附带的救赎已完整地被包含在命题之中：神是神。而且，当然地，大写存在是模糊的。因为它如同轮回之物被大写的一所述说，而且如同不应轮回之物被多所述说。它如同优越于差异被同一所述说。

为了离开这个关于相同的悖反常理，我们已知道的够多了。大写的一不能如同主体、如同同一性轮回，因为大写的一在自身仅只是**其内在性模式的到来的力量**。而这个到来并不能如同一性被特殊化，它逃离了大写的一＝大写的一的同语反复，因为它是开敞、改变、绵延、关系。不存在大写的一**的**思想可以允许在它轮回时同一与辨识它。只有**在**大写的一**之中**或根据大写的一的思想，这本身就是它的力量、经历、直观的折射。

必须明确，单义性禁止所有大写的一的回归观念。因为如果大写的一必须轮回，如同德勒兹跟随尼采所指出的，是因为它首先必须不在、从自我离开。如果它是单义的，它如何能够如此？它必须藉由否定由内部工作，如同在黑格尔作品中绝对的连续形象。而**大写存在**，即使被构思为辩证**运动**，或这运动的原则，都根据至少两种意义被述说：离开与轮回、立即与否定、外部化与内部化。

因此必须总结说，永久轮回（重复）"不是大写的一的持存（permanence）"（ibid），"永久轮回的主体不是相同"（ibid）。

2 永久轮回确切地说可以想成不是本体论地大写的一自身的回归，是一种强加到浑沌的形式律法。世界-大写的一由两个原则，而非一个原则产生。如同"有"或物质的内在决定般有着瓦解与败坏倾向，而且如同第一个倾向的合法订正，有着相同的周期、回归、回复的限制。宇宙是介于瓦解与回归之间原则斗争的、可能是过渡的合力（résultante），类似于，在恩培多克勒的观念中，大写存在是大爱与大恨、相聚原则与瓦解原则的冲突场景。甚至可以试图有一个对这种轮回理解的"德勒兹式"解释。虚拟的重新上升是轮回、大写的一的介入于拟像或存在者，然而，顺从于选言综合，存在者自身意味着异质与瓦解。

然而我们知道，对于德勒兹，没有假设从属于瓦解的内在原则与从属于重复或回归的外在原则的存在者"自身"。所有客体当然都是双重的，它有一个实际的部分与一个虚拟的部分。然而被绝对排除的（即使，我已说了，这个排除很难被维持），就是属于差异原则的客体的两个部分。考虑到有客体实际部分的知性，则它明确位于它虚拟性的直观中。而考虑到有它的虚拟部位的知性，则它再次位于虚拟性自身，只是这次被关连到虚拟的整体游戏中。有虚拟性直观的小循环与大循环，根据差异的、循环的原则，没有分裂的可能。大写的一的力量如同思想，而这确切说是这样：只有一种直观。这是由德勒兹给予柏格森著名评语的深刻本体论意义，所有伟大哲学都只是唯一直观的坚持、轮回。

对于那些人，他们仍然认为德勒兹以他的威权能掩护

"民主"之争、意见的合法歧异、欲望的广告性满足，模糊的享乐主义与取代我们生活艺术的"有趣对话"的这个混合，这是必须反思的点，但这个说说就算了。他们近身考察谁是思想的德勒兹式英雄：梅尔维尔的书记员巴特比（Bartleby）（"我不想写……"），或贝克特的无法称呼的人（Innommable）（"必须继续，我无法继续，我要继续"）。他们学到唯一直观的**规训**是什么。

正是由于回归的法定阅读对德勒兹而言是一种柏拉图主义的模式，他就更拒绝这种阅读："永久轮回的明显内容可以被决定为符应一般性的柏拉图主义：它因此再现了浑沌被组织于创世神行动下与在强置相同与相似的大写观念形式下的方法。永久轮回在此意义下是被掌控、单一中心化、决定化为复制永恒的生成-疯狂。"（L. S., 304）永久轮回不能是律法、不能将力量应用于反叛的物质而不生成超越性原则。

这个完全严密的结论必须由批判地上诉到"柏拉图主义"来合法化，这点并不必然被保证。当《蒂迈欧篇》中寓言的德穆革（又是一篇小说，这文本有神奇与古怪的叙事）使用了力量，首先是为了调整相同的圈子与他者的圈子，不"欲意"变成一起。因此亦可主张在柏拉图作品里宇宙的回归是奠立在选言综合上。而我们因而如此地远离德勒兹，当他写道"轮回之物，是作为发散者的发散系列吗？"（L. S., 305）似乎对我来说，柏拉图的小说式宇宙论，伴随着他在回归的宇宙时间与永恒之间织构的生物学建构、他的隐喻式数学、他的概念性人物（德穆革），他的神秘的"飘荡不定"、他的强制性分离，与非内非外的奇怪关系，有着某种德勒兹式的东西。

然而，如果如同应该做的，如同作为德勒兹直观的支撑构成般坚持"柏拉图主义"，那么在"相同的永久轮回"中，相同从属于回归是以底下这个意思来确定的：轮回之物必须是大写观念的复本，必须相同于它。而"永恒"不是回归的内在属性，不是回归是永恒性的主动存在、永恒性的**创造**，而是回归是被分离与由自身不活化永恒性的简单物质性模仿。

因此必须理解，对于德勒兹，永久轮回无论如何不是加诸浑沌或物质上的秩序原则。完全相反，"永久轮回的秘密［……］，是它不是浑沌、肯定浑沌力量之外的任何事物"（ibid）。轮回的都如同活生生的永恒性，这是因为所有（实际的）秩序都只是拟像，而此拟像的再肯定存在就是在大写的一中的所有虚拟性的浑沌干扰。并不是大写的一轮回，我们已经说了。轮回之物，是因为**被思考为大写的一的弯折**的所有秩序与所有价值都只是差异的差异、暂时的发散，其深层的存在是虚拟性的普遍干扰。轮回之物，是"在浑沌中无始无终地复杂化其差异的条件下之整体［差异］"（ibid）。回归是对唯一相同就是浑沌的差异之永恒肯定。

在"相同的永久轮回"的表达里，相同的确切位置因此是被厘清的，根据一条绷紧的直观之线，介于理解轮回的大写的一（大写的**一**的回归）的危害与理解大写的一强置回归律法（源自**大写**一的回归，但外在于它自身）于杂多上的危害之间。公理，很困难地，被这么说："永久轮回是唯一相同。"（D. R.，165）这里必须直观到，**相同性**（mêmeté）**不预先存在于永久轮回，既不同于大写的一的同一性，亦非存在者之间关系的典范**。只有被肯定为绝对差异的"相同"，亦即如同开敞名字的浑沌。然而此肯定就是回归自身。

既非同一性亦非多样的外部律法，回归是**大写**相同为了差异者与通过差异者的创造。只有在这个意义下可以说它是"多之一"（ibid）。在回归中丝毫不是一分离于多样或归入于多样。而是在多样被肯定之物上，在它的拟像坚实性之外，如同是表面的选言综合与如同是深层的浑沌。

这是何以德勒兹重拾乔伊斯的表达**混宇**（chaosmos）对立于宇宙的希腊形象、回归的合法与超越性形式。而且他以"浑沌-流浪"在真正回归所奠立与拆解的拟像肯定性欢愉中对立于在它变质意义下被认为是资助表象的回归一致性。

3　最后可以思考，相同的回归是一种隐藏的算数（al-gorithme），管理着偶然、某种统计规则性，如同是在或然性的计算中。对于短系列，可以有任意与发散的表象。比如某个案或某事件发生大量次数，而或然性类似的另一个则从未，或几乎从未发生。像是在猜硬币正面或反面的游戏中，"反面"连续出现十次。然而可以看到，只要有一个足够长的系列就足以让这些发散性变得模糊，而且趋势性地，在同一或然性的事件之间，建立着相同的律法。因为如果你玩一万次，"反面"出现的数目将接近于"正面"出现的数目，这基于底下的意义：介于这些数目的每一个与五千之间——相同的理想实现数目，五千确切出现于二事件中的每一个——的间距是微弱的，被关连到事件的整体数目（一万）。而如果你玩无限多次，将会有相同的确切回归，在"反面"与"正面"之间的差异趋近于零。相同的回归根据世界无限游戏的力量因此取消了偶然。

必须补充，这个回归是永恒的吗？是的，必须如此。因为如果在可测或有限时间中，发散与无概念的败坏总是可以继续存在在时间之外，或在它的界限上，就全然必要地有符应其或然性的肯定。对于一个永恒的玩家，他真地掷无限次铜板，"反面"确然会与"正面"同样次数出现。因此由永恒性的点，或根据永恒性，相同的回归将它平衡的律法加诸于偶然。也可以说，在事物的这种观看上，相同的永久轮回就是肯定不太可能者的非存在之物。

然而，如果游戏、掷骰子、偶然的问题对于德勒兹是如此重要（如同它对于马拉美或尼采），这是因为它被他引到最高点上，对于永久轮回的或然性概念之驳斥，与直到**大写**一无限威力的核心对于发散与不可能者的权利支持。

顺便指出，这种德勒兹式的意志直接了当地对立于马拉美的意志，在《差异与重复》的强力批判与《福柯》或《褶子》的附录尝试之间，德勒兹对马拉美的立场有极大的演变。依我来看，一开始的布局是好的，在德勒兹的生机论与马拉美的减法式本体论之间毫无妥协的可能。特别是对于偶然，不论是其中之一或另一的准则都截然对立。马拉美的是："无限由你所否认的偶然出来。"德勒兹的，如同我们将看到的，必须是："偶然由你所肯定的无限处来。"

在德勒兹哲学中，如同被无限废除的偶然，相同的永久轮回构思被思考为悖反常理何以是重要的？因为如果它是正确的，**那么大写的一的无限力量就不是差异，而是同一性；它不是虚拟的失衡，而是实际的平衡。**更深层地说，大写的一停止作为可同一于隶属选言综合的发散拟像生产。它**显示**为相同的裁判，将所有机会与所有事件同等于"无限"，而且取消所有不可能者。因此大写存在必须至少以两种意义被说：事件的偶发性"投掷者"（在时间的有限性下）的意义，与它们平等化的等同、它们纯粹与简单的必要性（在**大写**相同的永久轮回效果下）的意义。因此维持单义性要求偶然、发散与不可能者的维持，包括在无限的条件下。

那么什么是永久轮回？它如何与偶然组合？这些问题有着巨大的困难，而且尽管德勒兹从一本书到另一本无止尽地想重新降服它，我们不认为他的答复是令人满意的。

德勒兹，一如往常，并非不知道这个困难，他十分清晰地面对着这个问题。比如说他知道从掷第二把骰子起，便投入了相同的过程，它将不可抗拒地获胜直到永远："或许第二把就在第一把的部分决定条件之中，如同在马可夫（Markov）之链中，部分的再链结接续。"（F.，125）他说到掷骰子系列的不纯粹性，"在偶发与依赖的混合中"展开。简言之，德勒兹意欲，对立于或然性计算，同时保有偶然游戏的形象又避开相同的审判。或者相反：他要接纳永久轮回的主题，而永不牺牲偶然。

"真正的掷骰子"

为了如此，定义"真正的掷骰子"，对立于经验论与形式算数，是必要的（D. R.，388）。这真正的掷骰子有三个特征：

1 它是**唯一**的。因为如果（真实地、本体上地）有许多把，相同的统计报复将是不可避免的。这无疑地是德勒兹哲学作为**大写**一的哲学最专注的点。因为如果只有唯一一把骰子，如果"掷骰子者形式地相互区辨，但是是在本体论的一把上，后果意味着、挪动着、带回着它们相互间穿越空间、唯一且开敞的单义性组合"（ibid）。因而必须支持事件的复多性是纯粹形式的，只有一个事件，就是某种意义上的大写的一的事件。我们已经看到，事实上，德勒兹在这个结果前并不退却。大写存在就是单一事件，"单一一掷为了所有的掷"（L. S.，211）。

2　这单一一掷是偶然整体性的肯定。偶然事实上不能处于一连串的掷，这将它暴露于或然性的比较之中，而且最后暴露于它在相同平衡中的无限取消。必须位于且完成于唯一一把骰子。这把骰子因此在它的数值结果中不是它自身的或然性或非或然性的肯定。它是偶然如其所是的绝对肯定。它是"在唯一一次偶然的肯定"（ibid），它就是有"肯定偶然、思考所有偶然，其尤其不是原则，而是所有原则缺席"有力地掷出骰子（P.，90）。在每一次掷骰子中（在每一事件中），无疑地有数值结果的形式区别。然而抛掷的私密威力是唯一与单义的，它是事件，而且正是它在单一的大写的一掷中，在所有掷的**大写**一掷中，整体地肯定偶然。数值的结果只是伟大抛掷表面的硬币铸造、拟像。

3　可以开始看永久轮回位于哪里。在每一事件中、在所有发散与所有选言综合中永恒轮回之物，骰子被掷出后每次都轮回之物，就是**拥有肯定偶然威力的原初骰子的唯一一掷**。在所有一掷中，相同的大写的一掷轮回，因为抛掷的存在**在其生产的决定中**是不变的：在单——次中肯定所有偶然。

如同在德勒兹作品中很常见的，救赎结合了被相同的"柏拉图主义"所威胁的两个概念（这里是偶然与永久轮回）落在这两个概念纯粹与简单的同一化上。"在人上的永久轮回"是什么（L. S.，210）？德勒兹告诉我们，这是"偶然在单——次的肯定，所有一掷的唯一抛掷，为所有形式与次数的**大写**存在，为所有存在者的唯一坚持"（L. S.，211）。

最后，永久轮回是大写的一，如同偶然、偶然在单——掷的肯定的肯定，它如同所有抛掷的积极存在、所有偶然事件般轮回。然而也很可以这么说，偶然是如同永久轮回的大写的一，因为让事件偶然的就是拥有单一主动威力者，如同属性的虚拟性，轮回的，就是原初的大抛掷。

在这逻辑的终点，无疑地有偶然性的虚拟教义。在大写的一威力的所有内在性事件中，是**如同大写的一自身的偶然**的偶然。而该如何理解"大写的一的偶然"，难道不就是大写存在的激进偶然性？最终，永久轮回就是单义性的肯定，在自我影响大写存在的所有事件中。我们也在这里找到意义的逻辑。我们知道单义性是根据无意义的意义分配的单义性。可以说：在所有意义的事件中，永恒轮回的是被无意义生产之物。

尼采或马拉美?

就在 1993 年尾，关于不可决的概念，这是我们共通的、虽然在使用上很不同——德勒兹在一封信里以它跟虚拟的直接关连重拾掷骰子问题。他实际上提出不可决涉及如同纯粹事件喷射（jets）的虚拟，与掷骰子同类。而且他以一种高度清楚的方式重说，虚拟的不同抛掷可以形式地区辨，并停留在单一与相同抛掷的形式中。因此差异的抛掷都是不可决的，没有任何裁决是最后的，所有都与其他沟通且由其中之一到另一。

反思一下德勒兹作品中的这个坚持，从六十年代末开始几乎同一的表述，我认为，抛掷（事件、虚拟的喷射）的不可区分性对他而言就是到大写的一最重要的经过点。对于我，相反地，事件的本体论绝对分离，它毫无任何可由虚拟方式来到情境中的事实，是真理由偶然创造的原初不可化约的特征基础。而如果真理是不可区分的，绝不是以另一真理来看（相反地它是双重地可区分的，藉由它所登录的情境，与藉由启始它的事件），而是以它进行情境的区分资源。因为如果真理根据这些资源是可区分的，这是因为它在这情境中既不是创造亦不是偶然。

我因此认为，与德勒兹相反，事件性地掷骰子是绝对区辨的，不是形式上（相反地，所有事件的形式都是相同），而是本体论上的。这个本体论上的多不组成任何系列，它是零散的（事件的稀罕性）与不可整体化的。没有任何账目聚合事件，没有任何虚拟将其褶皱为大写的一。而就如没有系列，也没有通过或然性轮回的相同可能性。结果，我不相信相同的永久轮回在任何它可能的意义上，既不是巴门尼德式的（大写的一的永久性），不是宇宙论式的（安置在浑沌的相同律法），不是或然性式的（系列中永远取得的平衡），亦不是尼采-德勒兹式的（在单一一次中对偶然的肯定）。

当时的论争具体化在我们的通信中，这个关于永久轮回的密切的争辩（*disputatio*）获得（对我而言）对我们各自对偶然构思的思索形式。如果对德勒兹而言，它最终是大写的一偶然性在它所有内在性效果中的肯定，对我来说，它是**每一**事件的偶然性述词。对德勒兹而言，偶然是整体的游戏，总是如此被重玩。对于我，有偶然的多样性（与稀罕性），因此正是由于偶然，事件的偶然来到我们面前，而且不是根据大写的一的表达单义性。

在 1994 年夏天，我强调着我们在偶然上对立的程度。因为如果对他而言留有整体可定位的褶皱游戏，对我而言，因为大写存在的空无只作为事件而来到某一情势的表面，偶然是真理的物质本身。而就如同真理是特异与不可比较的，真理在其中找到它起源的偶然事件亦应该是多样与被空无分离的。偶然是复数的，排除掷骰子的单一性之物。正是通过偶然，偶然来到我们面前。最后，大写存在的偶然性只真正完成于如果亦有偶然的偶然。然而对德勒兹而言，在大写的一律法的掌握下，偶然性完成于单一的保有。没有偶然的偶然，这就是支付给饱满大写存在的代价。

在一方面，是偶然游戏般的鲜活构思；另一方面，是偶然的偶然的星状的构思。总之，尼采或马拉美。

对于这个特别的点，德勒兹并没有在细节上继续讨论。我重拾于此，但他已不在这里回答，这让我感到有些张皇失措。我多希望他能如同他以美食的方式在许多不同文本中所作的，再一次对我说我的哲学有反思、负面、模拟的价值到什么程度（我们理解：一种反-价值，甚至为严重缺点的星丛），它是一种超越性，它有康德观念的所有属性！对于我，唉！——相反于他正派与英雄式的信念，由大写的一的并入与偶然的单一性所支持——死亡不是、永远不是事件。

域外与褶皱

何谓思考？长久以来，我们知道这是哲学的中心问题。我们亦知道这涉及将答案连系到另一个问题：什么是**大写存在**？而且我们知道，第三点，自从巴门尼德以来，不管这个色调的概念制作，或对于大写存在问题所提出的答案是什么，都必须轮回到一个唯一陈述的可能模式："相同，它，既是思考亦是存在。"

海德格尔的伟大在于强势地重述这个律令，如同为哲学练习划界之物。今日创造性哲学的所有事业，比如吉尔·德勒兹的事业，在时间的条件下支撑了三个问题：什么是大写存在？什么是思？如何完成思与存在的基本同一性？我们可以说，对于德勒兹，大写存在单义地歪曲为大写的一，如同无组织生命，如同内在性，如同纯粹绵延，如同关系，如同偶然的肯定与如同永久轮回。而思考是选言综合与直观、掷骰子、个案的苦行束缚，记忆的力量。

剩下的是，更深地投入织构理论之中。在什么意义下思考与大写存在是同一的，而根据何种同一性的经营？因为对德勒兹而言，逻辑同一性，A＝A，是不可接受的，这是一种"柏拉图主义"的范畴。

"反笛卡尔主义"

在漫长的传统中将思想与**大写**存在的同一性认为是**原则**。亚里士多德，在《形而上学》的Γ卷中，根据同一性原则、非悖反原则与排中律原则三重性处理了作为存在的存在思想可能性。德勒兹的信念在于我们不再能采取这个途径。这不是一个良善意志的问题：我们不再**能够**。在原则下"结合"存在的存在与思想的存在之思想，实事求是地由世界的状态（换言之，由存在自身，在它当代的模态或拟像的安排下）对我们禁止了："尼采与马拉美重新给我们一种思想-世界的启发，掷着骰子。然而，在他们的著作中，涉及的是失却它的所有原则的无原则世界。"（P.，90）

是否该总结出大写存在与思想无可救药的分离？当然不！自从柏格森以来，大写的一最激进的思考者如何能接纳这个分离？必须赞赏福柯，德勒兹告诉我们，因为他甚至在他分析的最极端细节里接纳"知识是存在的"（F.，119）。问题因此是思想与**大写**存在的非原则同一性问题。

在这里可以藉助于另一个伟大传统，根植于笛卡尔，而且将大写存在-思想的问题安置于主体的问题性里。这个传统不要求——至少表面上——求助于原则的超越性。思想的织构完成于对思想假设一个主体，一个支撑，而且就其存在质问这个主体。思想的存在被同一于主体的存在，而且主体与思想的同一性问题成为在大写存在-主体的**大写存在**的位置问题。这个定向的最高完成无疑是黑格尔，当他如同计划般将整个哲学固定在"思考绝对，不只是像实体，而且与同时像主体"。

德勒兹也不能取道——至少不能直接地——这条途径。德勒兹与所有展现为"主体哲学"之物的这个基本对立有多样的汇合理由：

1　必须由大写存在的单义性出发，且在此安排作为表达或拟像的模糊性，而非反之。本体论地隔离主体，**然后**质问它的存在对大写存在的归属，摧毁必须是**首要**主题的单义性。就这点而言，德勒兹与海德格尔有共鸣，反对主体的"形而上学"。对他来说没有什么比我思（Cogito）更奇怪的了。对他，谁由此出发谁便永远离开不了二义性，而且永远进入不了大写的一的力量。这不就是从笛卡尔（大写存在以许多意义被说，根据广延与思想、身体与灵魂，以及再次的，根据神）到萨特［大写存在以在己的巨大体量（massivité）与意识的虚无被说］所看到的。

2　同一化于主体的思想存在配备着这种建构性的内部存在，它既关连到它本身（反思性）亦关连到它客体，如同异质于内部性被给予（否定性）。然而，存在者的存在既无法忍受反思性亦无法忍受否定性。存在者是**大写**一的模态、表面的弯折、拟像。如此，它不维持任何关系，丝毫不是否定的，且不能内部化外部。

当然——这是本章的关键所在——最终存在着一种域外与域内的适切对立，或更正确地说，一种创造自我内部性的域外折叠。然而此内部性，自身远非建构性的，而是被建构的，它是一个结果。它不能同一化思想，这不是一种自我的生产，而是自我的建构、褶皱的**行动**（或展开）。而这行动绝对同质于大写存在，它是大写存在的褶皱。

3　主体的哲学家，特别是现象学家，如同大写存在的独立区域或先验形象所提出的，对德勒兹而言，只是某种拟像，他称为"经验"（vécu）（另一种拟像称为"事物状态"）。这里只涉及客体、绵延的简单"不动切片"，被赋予了它们自己的外来（或空间）运动。现象学家，当然，不自限于"经验"类型的客体，他们将其关连到他们的相关性（经验的功能），他们研究它们，在一个简单的参照平面上不求助于虚拟。他们对于真理做了实证科学为事物状态所做的：建构它们的水平功能性相关。德勒兹接受有一种经验的"科学"，但确定不是一种哲学。从好的角度来说，主体是一种功能或功能网络，经验的功能性空间。它**参照**经验，它不能将经验浸入虚拟中，而且因此不能直观它与**大写**一的表达关系。

最终，"操作者"主体将思想投入于科学类型的典范中（参照平面），这是笛卡尔深层理解之物。拉康亦如此，虽然目的完全相反——是为主体范畴的维系与重建，他指出在我思与伽利略主义之间有一个内部连结，因存在者他眼中，参照性主体能命名为"科学主体"。

4 主体与（科学）参照平面的这个强制相关，对德勒兹而言，是让结构的客观主义保有者与主观主义的保有者背贴着背。在福柯作品的（令人激奋的）束缚下思考，他将一个重要的诊断记在福柯名下：（科学的）"结构"与（如同思想与价值的假设支持）"主体"只是表面上的对立。而且关于"在假设未完全结构化的面向中轮回到主体的位置与地位"的争论（F.，23），时至今日，特别是在今天，仍然真实（远在包含诊断性的《知识考古学》之后）。我们事实上看到，通过自由运动（"自由"，那些自由战士们承认，我们知道，这是货币卫士们的自由），经济强制结构化的保有者与单一政治结构化的保有者（代议的议会制），都是**相同的**，在这些众多必要性的边缘，吹嘘道德与人道主体的轮回。确定的是，"只要历史直接对立于结构，便可以想到主体保有一种如同建构性的、汇集的、统一的意义"（ibid）。福柯的伟大功绩（但德勒兹以他的方式，以间接自由风格取用）在于曾建构了思考组态，完全无关于结构客体性与建构主体性的对偶。"时代"、历史形构、**知识型**（épistèmès），都是福柯建构的大概念，"逃离了主体的统治与结构的帝国"（ibid）。正是客体与主体的实证性配对不在场的相同场域，德勒兹建立了思想与大写存在的装置问题。

褶皱的概念

如果这个组织结构既非原则的（逻辑）理论秩序，亦非主体分析的秩序，那么我们就赤身裸露于向我们提出的问题面前，且考虑德勒兹式本体论之下，可以如此表述：**因为思想被选言综合置入运动中，因为激起思想的存在者是在非关系中，它如何能与本质上是关系的存在一致？**

必须轮回到这个质问，就是我们已看到的拟像向思想提出的挑战本身："非关系如何是一种关系？"（F.，72）

褶皱的概念摘要了阐明悖论的直观经历。可以根据四段将它安排在它的回路中（"永久的再链结"）。它们的完整经历〔必须在最后，以"褶皱"之名，一种无限速度的再经历（re-parcours）〕让我们进入"特异与复数、中性与重复最严格的连结"之中（F.，23），因此介于只认识分隔个案的思想与作为相同永久轮回的大写存在之间。路径就如同是山脊的线，它允许"同时回避所有意识或主体的形式与无差异深渊的无底（sans-fond）"（ibid）。

1 首先，我们这些当代人，被强迫艰难地在分离之前伫立。我们在我们的布置上不再有原则调解与统一的力量。

这就是现代的苦行：将思想暴露于纯粹与简单的消除关联（dé-liaison）。没有什么相似于什么，没有什么相遇于什么，一切皆发散。即使大写存在，虽然是单义的，也启始地被思考成裂口的大写的一。重建一切于主体中的诱惑与底下的成双前来：任其滑动于非关系、"深渊的无底"中的诱惑。

比如，单义的大写存在在它最柏格森主义的名字，时间。只要我们停留在与时间的简单面对面，在尚未投入直观经历的惊愕中，我们会看到什么？我们看到间距，一边是"不动切片＋抽象时间"的布置，指向封闭的集合，亦即实际客体；另一边是"真实运动→具体绵延"，指向"绵延的时间统一性"，而且"其运动是多贯穿封闭系统的动态切片"（I. M.，22）。如果大写存在的大写的一只在这间距（开敞与封闭）中是现实的，如何能不想到如同非思想、如同无底实验而与它一致的思想？这就是哲学直观与神秘直观间的关系问题，维特根斯坦加以处理以便为了后者的问题。

然而德勒兹毫不是这样，对他而言，律令应该停留在肯定思想。这如同是第二个入口。不只是我们应该面对在最让人惶惑陡坡上的分离，而且我们应该置身于追随**大写一**的**束缚**，甚至到达非关系是如同关系般可思考的信念。比如这个双重入口的灵魂力量，在艺术的秩序中造就了所有当代伟大导演的功绩。一方面，他们的影片**实际化**了分离。"在斯特劳布（Straub）作品、西贝伯格（Syberberg）作品、杜拉斯（Duras）作品中，声音掉在一边，如同不再发生的'故事'，而另一边的可视，则如同不再有故事的空洞化场所。"（F.，71）然而另一方面，所有他们的天才都是使大写的一经过拟像的"非理性中断"，丝毫不是通过综合的辩证效果，或藉由这个间距在某种不可见、不可解译与超越原则下的化约，而是在剪接中实践一种"在缝隙下的永久再链结（又是它，但我们知道它是直观的另一个名字）"（F.，72）。福柯无与伦比的哲学力量首先将两大汇编（组合所有知识的可见性与陈述）的分离带往顶点，给予我们一种断裂成二的真理（如同尼采，我们有指出，意欲"将世界的历史一分为二"）。真相的两个半面似乎不能有任何直接关连，因此我们冒着对大写存在单义性思考的彻底不忠实之危险。根据可视与根据可说难道不会各说各话？何等的柏拉图主义式诱惑？但在这里第二种苦行来了，而且福柯的至高力量，那种控制着《词与物》与《自我关怀》间被如此误解的经历力量。遵循大写的一的律令。发明能够在分离中经过的概念，如同在山谷底部，在进行分离运动的激烈急流上，毫不减少凹陷地经过了两座大山之间。福柯，由这个它所教育的德勒兹来教育我们，提出"必须真相的这两半面进入关系，问题性地在真理问题排除它们的对应或符应之时刻"（F.，71）。

这第二种苦行毫无保证吗？当分离的暴力，根据第一种苦行，只是实验性的，必须赌**大写一**吗？不完全是。当然，我们所面对的封闭集合就它们自身而言毫无相似性，毫无符应性。它们毫不对应。然而**假设了它们全都是整体的模态**，几乎不可知觉地被开敞的点、轻微不稳定性、微观波动所标志。德勒兹指出，"整体不是封闭的集合，而是相反的，这是集合从不完全在庇护所，将集合维持在某处开敞，如同被一条紧蹦的线将它连结到宇宙剩余部份之物"（I. M.，21）。

　　偶尔我会想，这个第二苦行的经验保证几乎就是理论的方便法门。如果最终对所有客体的宇宙剩余部份的链接被标志在客体本身，第一苦行，那将思想暴露在分离绝对性之物，要做什么？难道注意这个客体保持开敞的"某处"是不够的？对于这个神谕的标记我会提出与客体的两部分理论（虚拟与实际）同样的异议：藉由直接指出思想对于其客体可定位**分离**的机会，它将单义性放入粗糙的考验中。似乎并不太容易决然地离开辩证的预设。

　　然而，在德勒兹的用语中我所喜欢的，是对（实际客体的）封闭集合的**去蔽**保佑。它给予第二苦行一种让我满意的样子。是的！思考一种处境，这总是前往较少被事物的一般体制所提供给它的庇护所保护之物，就如同今日我们国家的处境是由非法居留者的国家去蔽来思考。在我自己的语言里，这就是我称为（不需要为此而有虚拟亦不需**大写整体**）事件位（site événementiel）之物。我本体论地将它决定为（以数学要求的表达法）"在空之边缘"之物，亦即**几乎**避开被其内在性准则或其状态的处境调节之物。这是在一种如同放逐的点，某个终于**能**降临某些事物之地的处境。而我必须说，德勒兹让我很感动，在1994年初，要深入定位他的去蔽主题与我的事件地址主题间的"政治"类似性时，他比较了"在空之边缘"与辖域（实际化空间）与解辖域化（由作为实际化的实在-虚拟之事件的辖域溢出）的**交错**表达，亦即所降临之物不再可指定之点，既无法被指定于辖域（位）亦无法指定于非辖域，既非在域内亦非在域外。而这是真的，空洞而缺乏内部如同缺乏外部。

第二种苦行盘查了"交错"，这是地址的溢出，或封闭的事件性开敞点。这是关连一个客体到宇宙所有剩余的"细线"，而且是由追随这条线，如同阿里阿德涅之线，思想得以阐明这个迷宫，其廊柱就是所有真理被客体的非关系导致的严格分离、（表面）无可痊愈的破裂。

2 我们在另一个语义学场域重制这个部分的经历。当思想暴露在分离中，我们已看到，它如同自动机制。只有自动机制理论的中性化实现了被大写的一的折射所分离地掌握的**选择**（选择，德勒兹说，就是被选择，而且这点正是困难的）。对于自动机制，它实际化所有内部性的弃绝，**只有域外**。这是何以直观（思想在其只与**大写**存在合而为一的机会）开始，根据一种可发大财的表达，如同"域外思想"。而且，最好说：域外-思想，以便在思想与域外之间不让任何一种意向性连结的痕迹持存。

域外不是任何外部世界的庸俗化。自动机制（在其苦行中的思想）是一种拟像，它与其他毫无关系。这是域外的纯粹假定（assomption pure）**自身**。如同德勒兹对电影的典范例子（典范因为显然是"影像的物质自动机制论"之物；I. T.，233）所指出的："自动机制切离于外部世界，但有一个较深沉的域外前来激活它。"（ibid）因此可以说，直观如同由域外赋予生机化而开始。

然而，什么是所有生机化的原则？什么聚集于非人称的域外且组成了形式？我们召唤这个域外的"元素"：力量。这是一个适切的名字，只由束缚的生机化、思想-自动机制的置入运动所翻译，因为域外只如同力量的强加而**显现**。而这是德勒兹最恒定出现的主题之一，我们只因**被迫**思考而思考。对那些在德勒兹中看到自发性的赞颂者的通告：所有自发之物都低劣于思想，思想只开始于束缚于被域外力量的激活。

德勒兹将底下的发现归因于福柯-德勒兹，他的"概念性人物"之一：来自域外的元素就是力量。因为，对于福柯（然而事实上对于德勒兹是阐明尼采、澄清主动力量与反应力量的游戏），"力量关连到力量，但来自域外，因此是域外"解释"形式的外部性，同时既为了各自亦为了它们相互的关系"（F.，120）。思想在直观掌握的途径上，或根据**大写**—在激起它的分离途径上的第一个深入，就是在力量关系、力量图表（diagramme）的域外的建构。

力量的图表，域外的纯粹记录，不包含任何内部性。它尚未如此与大写的一沟通。然而它使得分离的客体（或如同可见与可说的客体层级）进入一种形式的**组合**中，外部性停驻于此，然而被它"在力量中"的掌握所活化。我们由外部性的简单分离逻辑经过到如同力量记录场域的**域外拓扑学**（topologie du dehors），它在它们的相互行动中，且无需它们之间以任何方式沟通，生产如同域外的局部形象的特异外部性。

思想成为域外力量的拓扑学，赢来一个崭新问题：什么是组成这个拓扑学的迭层、分歧、边缘、连结？如何**遮掩**群聚于域外的力量组态？德勒兹为他这个思想本体论的同一化阶段投入无数篇幅，他增殖着个案，精炼了调查。某种程度上可以认为他只使得现象学被替代成现象-拓扑学。然而这个无限细节对我们并不重要，而且它亦不是——应该承认——让我们满意之物，即使有这些变异得令人吃惊的技艺。重要的是知道直观如何超越力量拓扑学的机构朝向它的大写的一同一性**行动**（l'acte）。

3 这个过于投入拓扑学的概念、在深度中展示域外如同力量空间的概念。思考与大写存在的直观同一化在德勒兹作品中完成，如同域外的拓扑稠密化，直到它显现域外包围一个域内。由是，在它跟随这个（域外对域内的）包围的姿态中——以便随后发展它（由域内到域外），思想本体论地共同具有大写的一的威力。它是大写存在的褶皱。

作为枢纽拓扑学操作因子就是——如同可以期待的——界限枢扭。一旦思想通过域外力量如同外部性的生产，分离也就展示为力量场域的分有**线**、被划在域外、开展力量的外部形式空间的合成向量。我们已经看到，影片的剪接，在现代导演作品中使得时间-电影成为非理性线的划线-跨越，外部化了关连到被看之物的被说之物。时间-电影因此是界线的创造，或不如说：它在域外建构了非关系相互关连其项目的界限，**因为它们的分离如同（确切地说，界限的）生产是积极的拓扑运动的。** 而如同思想绝不是建构以外之物（因为直观同一于它的经历），必须说，经由建构界限，思想已经吻合于如同折射的分离，或如同关系的非关系。

重回福柯-个案的这个点。在思想-福柯中的非人称与自动机制，就是在大写存在-知识、真相的两个半面（语言与可见）中全然地暴露于分离、绝对地分离。作为外部性的天才理论家，福柯，很苦行地，在一种绝妙的档案学者的劳动中，于拓扑化的域外安置每一种知识-形式，这意味着他强迫（他被强迫，这是同一回事）每一个形式-陈述与可见性、言说与看-触及它自身界限、置身于他者在外部的观看，如此建构了域外力量的游戏："各自都触及分离它与他者的自身界限，可见只能被看，可述只能被说。"（F.，72）然而如此被建构的域外拓扑学是"分离各自的界限自身，这亦是相互关连的共同界限，而且它有不对称的两面，盲目的言说与哑然的观看"（ibid）。

可以当然地异议，这种解答是不牢靠的。如果大写的一如同分离的界限，或着如同**在**域外空间的界限画界被给予，难道在空间拓扑学、拓扑学的大写的一与根据德勒兹偶尔称为"漂浮的"力线记录之物间，不应再做区辨？这意味着是：在空间中被舍弃、动态、但无论如何区辨于域外自身、在它表面可记录的结果？

在我们所置身的点上，德勒兹的建构性直观在我眼里是在它确切的马拉美式阶段里。介于分离与大写的一，与——如果要的话——介于拟像的差异与差异自身的大写的一之间的差异，或是介于绵延的不动切片与整体的质性改变之间的差异，或是介于掷骰子的差异与缠祟及奠立它们的单一抛掷之间的差异，又或是介于系列的发散与永久轮回之间的差异。简言之：介于非关系与关系的差异，所有这些都被化约为**几近空无**（presque rien），马拉美想成如同在纸的空白与影响它的划线之间的零差异，不是一的差异，因为两道划线只因在它们之间造成界线的空白而差异，而反之无痕迹的两块空白是不可区分的。马拉美无疑地在此。大写存在只是"由它的空白所捍卫的一张白纸"，否则纸张的白色-存在就只有由（痕迹）事件开始被思考。就我来说，我是马拉美主义者。存在作为存在只是空集的构成性的多，否则就只是源自事件，以空集为根基所能有的真理。

然而对德勒兹而言，这个答复仍构成了否定过于漂亮的一部分。如果界限只如同影响域外的动态痕迹而可思考，我们将不确定能否拯救单义性。因为大写存在仍然被两种意义所诉说：痕迹的空间与事件的存在。思想的行动必须符应（域外）表面，**如同自身就是界限之物**。

然而同时既是表面运动又是界限划线之物的是什么？很明确地，就是褶皱。如果你褶皱一张纸，你决定了折痕的划线，当然，这造成纸张两个次区域的共同界限，然而又不是一道**在**纸张上的划线，白纸黑线。因为折痕如同界限展现，在纸张上如同纯粹域外，纸张**自身**在其存在的运动。

直观最深刻的时刻因此是界限如同褶皱的思想之时刻，而且因此，外部性颠倒成内部性。界限不再是影响域外之物，它是域外的褶皱。它是域外（或力量，这是同一回事）的自我影响（auto-affection）。可以说，我们终于抵达了分离被直观化为大写的一简单模块之点：绝对地外部化客体或形式的异质力量的共同界限，是大写的一如同自我皱折的行动本身。当思想是褶皱（如同褶皱的界限建构）而其鲜活本质是大写存在的褶皱时，它对应于大写存在。非人称化思想、将其交付域外、隶属于力量的入口取得它所有意义（它就是意义），当它"如同是存在由此开始褶皱的界限、最终视域般发现这个域外"（F., 121）。

4 说有域外的褶皱就本体论地意味它创造了域内。我们来想象褶皱的纸张：在纸张上有内在性的界限，但也有内部的创造。因此可以说：使**大写**存在对应思考的直观就是创造，如同一种域外、域内的形象褶皱。而命名这个折痕为"自我"因此是可能的——这是福柯的概念——而且甚至可以说，这就是主体。除了要立即加上：

——这主体是由可置于域外的本体论操作所产生，而且它因此毫不是建构性的，或自动机制，或自发的；

——这主体，如同"域内空间"，与域外（它是其褶皱）不可分离，或是它"完全与域外空间同时出现于褶皱线上"（F.，126；cf. 选文 177－181）；

——它只如同思想存在，而且因此如同双重苦行的穿越存在（忍受分离且掌握大写的一不可知觉的线），这是唯一使得主体得以生成如同褶皱的界限。

在这些条件下，可以说**主体（域内）就是思考与存在的同一性**。**又**或者，"思考，就是褶皱，就是将域外倍增出与它共同展延的域内"（ibid）。

如是，我们完全未远离直观（因此，思想）如同绵延的直观柏格森观念。因为（而且这就是我所谓德勒兹作品、他的坚持的单调性，亦是对大写的一忠诚性的补充证明），褶皱最终是"主体的"，就它确切与记忆——我们所见过的大写存在名字之一的巨大整体记忆——是同一回事的意义上。如果纯粹绵延事实上是过去存在或如同**大写**存在的过去的完整保存，则不能将记忆指派给主体的操作。毋宁必须说是一种"域外记忆"（F., 114），就是时间的存在，而主体只是其模式。因此可以同时理解"褶皱本身是记忆"（ibid）与"如同主体，或不如说如同主体化作用的时间被叫作记忆"（F., 115）。这肯定了，在褶皱点上，思想与时间是同一回事，而且因此，因为我们知道时间只是同一于大写存在的名字之一。可以命名"主体"而不需将这同一性丝毫让步于笛卡尔的血脉，这是很不同凡响的。因为，作为主体，就是"在褶皱的条件下，如同时间般思考域外"（ibid）。

结果是，从政治意义上、从褶皱的教义上，都可能是同时指出原初力量与（对我而言）诱惑的稀少。

一方面，褶皱的可同一于记忆使得大写的一所完整保存之物的弯曲或曲线在所有创造（或行动，或甚至革命）的核心占了上风。褶皱使得所有思想具有一种已在此（déjà-là）的内在性相貌，而且接下来所有新意都是一种在过去的折痕中的选择。这确然地符应永久轮回的教义，其褶皱某种意义下是"认识论"变化，其箴言就是"使过去主动与使现在在域外，以便最终到达某种新意"（F., 127）。基本上，我们知道，所有开始都是重新开始，而且我们实验了"如同重新开始必要性的记忆"（F., 115）。极度的、可说最大的注意，对德勒兹而言在于艺术、精神医学、科学或政治运动的激进崭新形式，不能忘却，在**大写**一的审判权下，崭新的**思想**将它浸入于它的虚拟-过去部分。甚至要主张，德勒兹在持久的好奇心下认识与如同个案般处理他时代里的创造是必须的，**以便**实验，它们绝对不会开始，作为**大写**存在的褶皱与展开，它们也，或它们特别地只是不动的大写的一（不动如同是永久的变动）的自我影响。

另一方面，如果思想同一于大写的一，必须它也本质上是一。思想必须是单义的。因此没有真正的思想，而且最终哲学如同在尼采作品中也被给予在其不可区分的伙伴，艺术，因此哲学-艺术是唯一掌握内在性，且将双重苦行的痕迹带往尽头，全然地享有思想之名。它的姿态是不变的："我们发现褶皱的新方法如同新的封套，然而我们停在莱布尼兹主义者，因为这总是涉及褶皱、展开、再褶皱。"（P.，189）

然而，我无法下决心去思考新意是一种思想的褶皱，亦无法思考思想可化约为哲学或其行动的唯一布置。这是何以我概念化了绝对开始（这要求一种空集理论）与不可比较思想的特异性，在它们的持续姿态中〔这要求一种康托尔式的（cantorienne）、无限类型的诸多理论〕。德勒兹总是主张，这样的话，我重蹈于超越性与模拟的二义性。然而最终，为了使一场政治革命、一场恋爱的邂逅、一件科学发明、一件艺术创造能够如同无限区辨被思考，在不可共量的分离者事件条件下，如果必须牺牲内在性（这是我所不相信的，但在这里不重要）与大写存在的单义性，那我会去做。如果为了将这些稀罕的真理片段，我们这个忘恩负义的世界（如同所有其他世界）由此或由那穿越，带往永恒，那么就必须依仗痕迹的马拉美式教义（这我也同样不信），那我会去做。如果，对立于褶皱的苦行，必须掌握，对事件的忠诚是战斗式的、短暂隐晦的灵修（récollection），而且从毫无虚拟于下的属性多样性化约到它的实际性，那我会去做。我会去做。如同德勒兹曾说的，就像我，为了立即重拾论据与诱惑、重新结合的意志之线：这是一个品味的问题。

特异性

为了将德勒兹定位，无疑地必须召唤他自己在分离的特异性与整体之间的沟通形象教义。从边缘、最窄的力量图表出发，经历"小循环"，然后深入最混杂的虚拟性——这同时亦是循环与交互穿透之物，追随"大循环"，激活绝对记忆——这如同哲学整体过去的部分折射，德勒兹似乎处在一个末端尖点，一个既半透明又无时间性的水晶，如同是占卜师的水晶球。

1　如果哲学有在概念中决定对立于意见之物的责任，意见会轮回，这是真的，以至于存在着哲学意见。在它所组成之物中可以辨识出参照与贴上标签的团块，对于几乎任何意识形态操作都可以使用，而且带来这个对抗那个的大声喧闹（第二把切割的利器在此被辨识出来），以便让全体都习惯于"争论"的招牌，一种假冒的**共识**。

德勒兹的伟大符号之一，在于即使他成功了，他亦保持不可并入组成职业式议会小生活的意见主要团体中。无疑地，在 1969 年至 1975 年间，他曾是只为了欲望机器与游牧论、性与节日、自由交流与自由话语、自由广播与所有种类的自由、大资本的强大的克分子构型（dispositifs molaires）所导致的分子抗议（contestation moléculaire）、差异不大的彩虹式组合的左翼导师。为了让每个人理解这个短暂审判的关键**误解**，我们已经说的够多了。德勒兹一点都未曾为了消除这个问题做出解释，这附着成为哲学家的污点，我们每个都无法免除，且这涉及**门徒**的暧昧角色。就一般法则而言，门徒为了不好的理由被重聚，忠诚于悖反常理，在报告中太教条而在争论中太自由，几乎总是结束于背叛。然而我们寻找门徒，鼓励他，我们爱他。因为哲学，纯粹话语行动没有其他于内部的效果（如阿尔都塞所言，哲学的效果严格地是哲学的），在门徒的法庭所提出的集体实在性碎屑中发现某些满足。我们要补充，德勒兹比任何其他人都更加敏感于这个哲学目的，从苏格拉底的审判以来便众所皆知：败坏年轻人。这要说的是把年轻人从城邦预塑、以便安排其接班的位置与意图中拔除。然而，这是很微妙的，我们制造了所有经验，并非通过这"败坏"所推展作品的不好一面所控制，从此它变为它的反面：犬儒主义。事实上，存在着一种犬儒的德勒兹主义，对峙于大师的节制与苦行。

这不太重要。重点是，被掌握在它概念性建构的极端绵延中，德勒兹对于所有从六十年代以降描绘了知识风景的哲学意见团体保持着对角线状态。他不曾是现象学家，不是结构主义者，不是海德格尔主义者，不是盎格鲁撒克逊分析"哲学"的进口商，亦非自由派（或新康德派）新人本主义者。也可以这么说，在我们这个一切都被政治决定的古老国家中：他不曾是法国共产党的同路人，亦非列宁主义的改革派，亦非政治"撤退"的悲痛先知，亦非光彩熠熠的西方人权道德家。如同所有伟大哲学家，而且完美符合他思想中的贵族主义、他的尼采式主动力评估原则，德勒兹建构了一种**只针对他**的极性（polarité）。

在这个天翻地覆的时代（殖民终结战争、戴高乐主义、五月风暴，与红色年代、密特朗的复辟、社会主义国家崩溃……），德勒兹通过虚拟的、一种毋须向它们的范畴道谢、嘲讽孤独的左派公共舞台的地道，允许他循回其中的配备中灵活**吸收**经验的歧异性。大写的一能根据有游牧倾向的事件性偏斜自我褶皱，这取悦了他，但却并未太夸张地投入；大写的一能根据强势定居的封闭集合自我展开，这并未让他感到意外。他是一个既没有不合时宜与不稳固狂热，也没有虚无主义弃绝的人。在法国过去三十载所有重要哲学中，他的哲学确然地，在基底上，以强烈反差于我们公众生活的各种阶段受到最少影响。这既不是声明亦非懊悔。因为只有一种本真的知性激情：追随他的作品，根据他已经一劳永逸固定下来的直观与严格方法。无疑必须有组成时代生机的个案无限多样性，但特别是它们，在

大写存在单义性的可怕律法下，一体处理的无可比较的
韧性。

　　这是因为他的精纯柏格森主义最终总是对于发生什么
给予理由。生命使得评价的多样性变得可能，但它自身则
是不可评价的。可以说太阳底下没有新鲜的事，因为所有
降临的事都只是大写的一的折射、相同的永久轮回。同样
也可以说，所有都持续地新鲜，因为大写的一只不定地，
经由它自身褶皱的永恒创造，在它的绝对偶然性中轮回。最
终，这两种判断是不可区分的。因此可以打赌，不需另外于斯
宾诺莎以外的神（自然），在贝尔纳诺斯（Bernanos）书中最
后乡村牧师所说的意义下："这都做了些什么？整体皆是圣
宠。"必须注明："**整体**"皆是圣宠。因为有之物无不是大
写的一切的圣宠。

　　这个赌治理了德勒兹在失去气息、被钉死生命的非人
经验中的创造性美妙斯多葛主义（"整体皆是圣宠"，甚至
于死亡。）他早已阐明一种歪斜但紧绷的方法，必须混合了
直观或集体的波折与我所谓的无差异欢愉（"这都做了些什
么？"），这指出了德勒兹的哲学选择威力。

　　除了对那些人，比如我，排除大写存在可以如同**大写
整体**被思考，说整体皆是圣宠，就是明确意味从来没有圣
宠允诺给我们。然而，这是不正确的。它突如其来地、额
外添加地**到来**，而且假设它是稀少或消散的，由它强制了
我们的**长久**忠诚。

然而，先让争议停留在此。在我们哲学史的这个（短暂）序列中，最终只有（只还有）两个严肃的问题：整体（或大写的一）的，与恩泽（或事件）的。正是在永久轮回与偶然的配对下，这固执的相互对质使得德勒兹成为当代的伟大思想家。

2　现在来考虑第二个循环，以一个世纪的尺度来看在法国的哲学。其生成的规矩与理性看法常常被意见团块的烟幕弄得不可能。在马克思主义与存在主义之间，在结构主义与人道主义之间，在唯灵论与唯物论之间，在"新"哲学与列宁主义的革命者之间，在基督教个人主义者与异教进步主义者之间，在"语言学转向"的信徒与对手之间，在分析学者与诠释学者之间，如何建构一种有意义的定位，安排着概念而非形象，哲学而非哲学命题（philosophèmes）？

我们提出，这段期间的历史是由两个专有名词的联结所命令：柏格森与布伦士维格（Brunschvicg）。一方面，时间的具体直观导向了鲜活整体性的形而上学。另一方面，数学观念性的无时间性直观导向了一种创造性大理性的形而上学。一方面，这是纯粹变化的形而上学化的现象学；另一方面，这是永恒真理建构的历史化的公理系统。一方面，是将抽象贬值为简单的工具便利性；另一方面，是如同思想自我揭示建构的大写观念的赞扬。一方面，这是与开敞动态对应的激情；另一方面，是对所有未特性化为其概念就是签名的封闭集合之组织化不信任。

这两大思辩框架如此牢固，以至于伟大德国文本（黑格尔、胡塞尔、海德格尔）在法国大学里的渐进渗透比较是靠着与这两个支配的传统混合，而不是一种分离的"跳出"。举两个令人震惊的例子：阿尔贝·劳特曼（Albert Lautman）给出海德格尔一个无比特异的解释，他使海德格尔同质于数学化的柏拉图主义，这是劳特曼从布伦士维格继承来的。而萨特读胡塞尔，从意识的意向性理论出发，加工成一种形而上学地同样于柏格森主义生命的自由概念，以至于封闭与开敞的对立仍然全面统治着《辩证理性批判》。

对于柏格森主义血脉的接受与现代化，德勒兹功不可没。对于将它们的传统归属以大吹大擂的进口铜箔伪装的继承模式，德勒兹采取了至高的漠视，他因此将柏格森的操作对照于我们时代艺术的、科学的或政治的具体生产。他检证着直观的可靠性，且当在个案的验证下证明是必须的，他转化与完整化它们。特别是，他把柏格森从他过分扎眼之物中抽离：被基督教唯灵论回收的开敞命令，与将他的宇宙看法调整为某种全面性目的论，德日进（Teilhard de Chardin）神父是一时的布道者。可以说，德勒兹，全然地孤独，毫不退让地引领着柏格森主义的完整世俗化这一惊人事业，而且全面地将其概念置于我们时代创造的极点。由此，他建构了最坚固的障碍，对抗着威胁着我们之物：盎格鲁撒克逊式的经院哲学的霸权渗透，用认识论的一般语言逻辑，以及实用主义的权力的议会道德，结合起来作为支撑。所有这些，德勒兹式的、顽固的精巧对立于不可改变的我们的无能（*non possumus*）。

问题无疑地是，这障碍是外部的，以它不支持抽象的真实力量。假设对于大写的一的内在性改变的直观内部性，这不能避免在理论、形式平衡的秩序中，在艺术、爱恋的坚实性秩序中，在存在的、政治组织的秩序中对持续的概念稳定性地贬损。具体分析的闪闪烁烁是多么诱人，当所有客体如同沙上痕迹被实际化的强烈潮汐所逐渐消融时，能缴械投降是多么诱惑，对于我们伟大与腐败的资本主义在大尺度下所解放的瓦解威力，所有建筑仍然都是脆弱的。

剩下如同在第二道防线建造一个内部障碍，它从逻辑的、数学的、抽象的（对立于逻辑化的文法主义）且是组织化解放政治的（对立于"民主的"共识）意义上允许一种抗拒的思想。然而这次，必须凭借的是另一种传统，在法国大师之外，上溯到——不是尼采与斯多葛，而是笛卡尔与柏拉图。

3 为我们开启第三循环，哲学整个历史的循环，这个我们真正的悠长时间，且德勒兹阐明了晚期福柯，轮回到古希腊的他，解释了思想最终必须自我束缚。

表明德勒兹天才的是，他将他的哲学建构成一门完全原创的系谱学。对斯宾诺莎、莱布尼兹、休谟、康德、柏格森与尼采的专论，如同**在**直观经历或在概念建构（这二者是同一回事）中以间接自由风格重建斯多葛派、卢克莱修或怀海德的发展，勾勒特异性就是德勒兹虚拟性本身的历史，将其书写的实际性埋藏在如同去时间性的绝对记忆般处理整个哲学的轨迹中。由此，就客观主义历史与解释历史的古典对立而言，德勒兹的"历史学家"风格是对角线式的。文本与脉络最准确的认识与带往德勒兹的运动不可分离。这既非档案亦非诠释。因为这涉及伟大的概念创造之**轮回**。而且德勒兹的特异性如同这个轮回的接受力量而运作。他的哲学借此以他们的正确永恒性重建了斯宾诺莎、柏格森或尼采，这从不是那些只当它们的**力量**被实际化于鲜活思想中才活着之物。

假设堆积于德勒兹式虚拟性中的是大写的一或内在性或单义性的思考者，这并不让人惊讶。假设被勾勒的敌人是超越性的建筑师（柏拉图主义），或更糟的，将大写概念的超越性注入虚假的内在性（黑格尔），这无需多讲。在康德的专论中，德勒兹自己便解释了这涉及反证的练习：测试他的思想对于"敌人"的直观评估威力（大写的一的真正异质性折射）。我个人能如此揣测，因为在我们私下的论争中，他正是使用"新康德主义"这个修饰语来凌辱我。

只是德勒兹无疑地是第一个哲学家，如同记忆的分有如此活化大写的一-思想的无历史的历史。这涉及真正的创造，在这个世纪中只有海德格尔的历史架构才能与之分庭抗礼。

这两种建构大相径庭，主要的原因是德勒兹不解译任何命运，或不如说，对他而言命运从来只是偶然的全面肯定。这是何以他很乐意地说，他毫无任何"哲学终结"这类问题——我翻译为，无保留地赞同这点：建构一门形而上学仍然是哲学的理想，问题不是"还可能吗?"，而是"我们能吗?"

从此更是症状，德勒兹与海德格尔相交于关键的点，两人都从中提取了尼采，他们不可避免地对柏拉图进行贬低。

在哲学系谱学上，这个谚语的效度是确定的："告诉我你怎么想柏拉图，那么我就告诉你你是谁。"从技术观点来看，可以确定的是，柏拉图主义的评估汇编在德勒兹作品中与在海德格尔作品中所找到的并没有**基本上的**差异。因为这涉及，对其中之一如同对另一、对**如同去褶皱的超越性建构**的定位。德勒兹承认，海德格尔是一个被同一于存在与存在者褶皱的大写存在褶皱的伟大思想家。相对于海德格尔，柏拉图组织了分离的**展开**，在两个区分的区域分配存在者与存在（比如感性与知性）。褶皱只是一道划记，将大写观念隔离于它的实在化。因此一切准备都是为了如同至高的存在者、如同上帝，或是大写的人般使得大写存在被思考。对于此，只要对平面定向，阶层化区域就足够了，当它处于褶皱时，这是不可能的。德勒兹并没说不同的事，除了它坚持褶皱的**力量**，与在柏拉图的去褶皱中看到弱点、反作用力的层级。结果是，如果对于海德格尔，柏拉图的姿态奠立了一种整体历史的基始（archè）（形而上学的命运），对于德勒兹就是，所有被持续地重玩，骰子被重掷，骰子大写的一掷轮回。斯多葛派、斯宾诺莎、尼采、柏格森、德勒兹自己建构了展开的褶皱，再褶皱、虚拟化。柏拉图主义不是一种命运，它是一种必然的反命运，与单一一掷混淆的骰子滚落，转往封闭分配的开敞威力。柏拉图主义不停地被颠覆，因为它长久以来已颠覆。德勒兹是这个颠覆回归的当代经过。

然而，律令或许完全不同：不是柏拉图主义必须颠覆，整个世纪都已是反柏拉图主义的明证了。柏拉图必须被**重建**，且首先，"柏拉图主义"的解构，共同的形象，意见的剪接，由海德格尔到德勒兹、由尼采到柏格森循环的架构，但也是由马克思主义者到实证主义者，与还用于反革命的新哲学家（柏拉图如同第一个极权"大师-思想家"），如同用于新康德主义的道德家。"柏拉图主义"是现代性也是后现代性的伟大谬误建构。这是它的一般性否定支撑：它只为了合法化在反柏拉图主义缩写下的"新"而存在。

德勒兹当然提出了一个最慷慨、最开放于当代创造、最少命定、最多进步主义的反柏拉图主义。对他来说欠缺的是终结反柏拉图主义本身。

因为无疑地，如同海德格尔，他是前苏格拉底的。不是帕门尼德斯式的，或**大写**存在的启始拆除诗人。然而以希腊人自己如同是**物理学家**般关连到这些思想家的意义，可理解为：整体的思想家。是的，德勒兹曾是我们的伟大物理学家，他为我们沉思星辰的火、探测浑沌、测度无组织生命，将我们的纤细轨迹浸入虚拟的广袤中。他是无法忍受"苍天已死！"这个想法的人。

然而柏拉图以他的方式教导哲学的审判如同是伟大的物理学。他给予思想连结到它之物，如同哲学的独立于**大写**宇宙已完成的所有沉思，或所有虚拟的直观。

在德勒兹作品中，如同在所有这种物理学家的作品中，有一种思辩梦想的威力，而且如同轻微抖动的、先知的声调，即使无任何允诺。他说斯宾诺莎是哲学的基督。这么说吧，为了还他公道，德勒兹就是这个基督，由整体所救赎的坚定通告——未应允任何的救赎，**总是在此**的救赎——最重要的使徒之一。

德勒兹文选

从吉尔·德勒兹某些书中所提取的这些段落，毫无任何企图要成为它们作者的"最优美篇章"的文集，而它们的作者众所周知的是一名卓越的作家。它们的功能只是在一个稍扩大的脉络中安置刚刚所阅读论文的主要支撑。

阿兰·巴迪欧

存在的单义性（Ⅰ）

从来只有一种本体论命题：大写存在是单义的。从来都只有唯一一种本体论，邓·司各脱的本体论，它赋予存在唯一的声音。我们说邓·司各脱，因为他懂得将单义存在带到巧妙的最高点，即使得付出抽象的代价。然而从帕门尼德斯到海德格尔，都是相同的声音被重复，在一种只在自身中形构所有单义发展的回音中。唯一的声音造成了存在的喧嚣。我们毫无困难地理解，如果大写存在是绝对共通的，它并不因此是类型；这只需以命题的模型取代判断的模型就可以。在以复杂实体为义的命题中，要辨识：意义，或命题的表达；意指（在命题中被表达之物）；表达者或意指者，这是数值模式，亦即特性化具有意义与意指元素的微分因子。要去想，名字或命题没有相同意义却又严格地意指相同事物（根据著名例子，夜星-晨星、以色列-雅各布、平面-白色）。在这些意义间的区辨就是真实的区分（*distinctio realis*），但它并非数量上的差别，更不是本体论上的差别：这是形式的、质性的或符号学上的差别。去知悉范畴是否可直接类似于这样的意义，或比较逼真地从中衍生的问题，暂时必须先放在一边。重点是，可以构思许多形式上区别的意义，但它们都关连到如同单一意指的存在，本体论的一。确实，这样的观点还不足以禁止我们如同模拟物来考虑这些意义，以及如同模拟物来考虑这些存在单元。必须补充，存在，这个共通的意指，在于它以所有数值上区辨的意指或表达的**单一与相同意义**被表达、述说。在本体论命题中，这因此不只是意指，对于数量差别的意义有本体论的相同，这亦是意义，对于个体化模式、对于数量差别的意指者或表达者有本体论的相同：这就是在本体论命题中的循环（在其集合中的表达）。

事实上，单义性的要点不是大写存在被单一与相同意义所说。因为它被说，以单一与相同意义，**在**所有它个体化的差异或内部的模态中。大写存在对于所有这些模态都相同，但这些模态并非相同。它对所有都"平等"，但它们自己并不是平等。它在所有以单一意义被说，但它们自己没有相同意义。它是关连到个体化差异的单义存在本质，但这些差异没有相同本质，且不改变存在的本质——如同白色关连到不同的强度，但基本上仍然是相同的白色。并没有两条"道路"，如同在巴门尼德的诗中所相信的，而是关连到所有它最歧异、最变化、最差异化模式的大写存在的单一"声音"。大写存在以单一与相同声音在所有它述说之物中被说，但它述说之物差异化：它在差异自身中被说。

　　无疑地在单义存在中仍然有阶层与分配，这涉及个体化因子与它们的意义。但分配与甚至阶层都有两种完全差异的词义，毫无和解的可能；如同逻各斯（*logos*）、律法（*nomos*）的表达一样，它们自己指向分配的问题。我们首先必须区分意味着被分配者的分享的分配：这涉及如其所是地分派被分配者。正是在此，在判断中的模拟规则拥有至高威力。作为判断质量的共通感（sens commun）或良知（bon sens）因此被再现为分派的原则，自己声称为**最佳分享**。这样的分配由固定与成比例的决定作用来进行，类似于"所有物"或再现中被限制的领土。土地问题在这个如同区辨部分能力的判断组织中可能有极大的重要性（"一方面与另一方面")。即使是在神之间，每个有它的领域，它的范畴、它的属性，而且所有都分配到界限的人与运气符应命运。另外的是必须叫作游牧的分配，游牧的律法（nomos），无所有物、无围场亦无尺度。在此，不再有分配的分享，而比较是在无限开放，至少是无确切界限的空间，**被**分配者的分派①。没有任何轮回亦不属于任何人，但所有人都被安排于这里或那里，以一种能覆盖最大可能空间的方式。即使这涉及生命的严肃性，亦以游戏空间、游戏规则来说，对立于如同定居律法（nomos）的空间。填满空间，在它之中分享，这很不同于分享空间。这是一种流浪甚至"妄想"的分配，事物在此开展于单义且不被分享大写存在的所有广延中。不是存在根据再现的要求分享，而是所有事物在简单在场的单义性（大写的一的整体）自我分派其中。这样的分配是恶魔的，而较非神圣的；因为恶魔的特殊性，就是在神的行动场域之间隙操作，如同跳到栅栏或围场下面，弄乱所有物。伊底帕斯的歌队大喊："什么恶魔跳得比最远的一跳更强？"跳跃在此证明了震人心弦的骚动，由游牧分配引入于再现的定居结构中，也必须说，

---

① Cf. E. Laroche，《nem 字根的历史-在古希腊》（Klincksieck, 1949）E. Laroche 展示了在 νόμοσ-νεμω（律法-利益）的分配观念并不是在一种与分享观念的简单关系中（τέμνω, καίω, διαιρώ [选择，焚烧，切分]）。νεμω 的牧歌意义（放牧）只有在很晚近才意味一种土地分享。荷马式社会不认识圈地亦不认识牧地的所有权：这不涉及分配土地给牲畜，而是相反的，在无限空间、森林或山腹中分配它们自己、将它们分配到这里或那里。νόμος 首先意指着一个占领之地，但没有明确的界限（比如，围绕城市的区域）。从这里亦有"游牧者"主题。

同样也引入阶层中。有一种根据其界限，也根据它们接近或远离某一原则的程度度量存在的阶层。然而也有一种阶层以威力的观点考虑事物与存在：这不涉及被绝对考虑的威力程度，而是知悉存在是否可能"跳"，换言之，前往它可能的尽头以便超越它的界限，不管程度如何。有人说"直到尽头"仍然定义了界限，但界限，πέρας（彼处），在这里并不再意指将事物维持在律法下之物，亦非终结或分离它之物，而是相反地，它由此自我开展与开展一切它的威力之物；巨量停止简单地被谴责，而且一旦它不再分离于它所能之物，**最小就转变为最大的平等**。这个包含的尺度对于所有事物都相同，对于实体、质、量等等也都相同，因为它形构了唯一的最大值，所有程度发展的杂多性都触及包含它的平等。这个本体论的尺度（mesure）比较接近事物的出格（démesure）而非最先的尺度；这个本体论的阶层，比较接近巨量与存在的安那其而非最先的阶层。它是所有恶魔的魔鬼。那么这句话"一切皆平等"能够轮回，但如同是欢愉的字句，基于不是平等之物在这个平等单义的大写存在中被说：平等的存在立即展现到所有事物，没有中介亦没有媒介，尽管事物全然地持存于这个平等存在中。然而所有都在绝对的邻近中，巨量在此承载着它们，且不管大小、高下，不管多或少没有任何参与了存在，或没有任何以模拟接受存在。存在的单义性因此也意味存在的平等。单义的大写存在同时是游牧分配也是受到褒扬的无政府主义。

《差异与重复》

P. U. F.，1968

p. 52 - 55

虚拟

我们从不曾停止援引虚拟。难道不会重新掉入不可决而非差异决定的观念含混之中？然而这正是我们通过述说虚拟所要避免的。我们曾将虚拟对立于真实（réel）；现在必须修正这个还不能算正确的术语。虚拟不对立于真实，而是实际（actuel）。**虚拟作为虚拟占有全然的真实性**（réalité）。由虚拟，必须确切地说普鲁斯特关于共振状态所说的："真实而不实际，理想而不抽象"；而且象征而不虚构。虚拟甚至必须被定义为真实客体的严格部分——如同客体有它的一部分在虚拟之中，与如同在客观面向浸入其中。在微分计算的展示中，微分常被模拟于一种"差异部分"。又或者，根据拉格朗日（Lagrange）的方法，提问哪一数学客体的部分必须被考虑为衍生的且展示了所被提及的关系。虚拟的真实性在于元素与微分关系，与在于对应它的特异点。结构就是虚拟的真实性。对于元素与形构了结构的关系，我们应该同时避免给予一种它们所没有的实际性与避免撤销它们所拥有的真实性。我们已看到相互决定与完整决定的双重程序决定定义了这个真实性：虚拟远不是未决的，它是完整已决。当艺术作品倚仗着一种它所深入的虚拟性，它未援引任何混淆的决定作用，而是它的微分起源元素、"虚拟"、"胚胎"元素所形构的完整已决结构。元素、关系的变异，特异点共存于作品中或在客体中，在作品或客体的虚拟部分，不需指定一个其他的特权观点，一个作为其他中心统一者的中心。然而，如何既说完整决定，又说只是客体的一部分？决定必须是客体的完整决定，然而却只形构一部分。这是因为，根据笛卡尔在《给安特瓦尼·阿尔诺的回信》中的指出，必须小心区分完整（complet）客体与整体（entier）客体。完整只是客体的观念部分，与客体的其他部分参与了大写观念（另外的关系、另外的特异点），然而它从不建构一个如是的统整性（intégrité）。完整决定所欠缺的，是专属于实际存在的决定集合。一个客体可以是存在物（*ens*），或不如说是未完全已决或实际地存在（*non-ens omni modo determinatum*）。

因此客体有另一部分，处于被实际化决定的状态。数学家问这另一部分被哪种可称为原初的公式所再现；积分化（intégration），在这意义下，毫不是微分化（différen*t*iation）的反面，而较是形构了差异化（différen*c*iation）的原始程序。当微分化如同问题般决定**大写**观念的虚拟内容，差异化表达了这虚拟的实际化与解答的建构（通过局部积分）。差异化如同差异的第二部分，且必须形构$\left(\text{différen}\dfrac{t}{c}\text{iartion}\right)$的完整观念以便指出客体的统整性与积分性（intégralité）。t 与 c 在此是区辨特征或差异本身的音位学关系。所有客体都是双重的，其半面却不相似，一半是虚拟图像，另一半是实际影像。整体不成对的半面。微分化本身已经对自己而言有两个面向，对应着关系的变异与依赖每一变异值的特异点。然而差异化自己亦有二个面向，一个涉及实际化变异的不同构型或种类，另一个则涉及实际化特异点的量与区分的部分。比如，基因如同微分关系的系统同时肉身化于种与组成种的组织部分。没有指向对应微分关系、肉身化于这些质性的特异性所定义空间的一般质性。比如说，拉韦尔（Lavelle）与诺格（Nogué）的工程便展示了独属于质性的空间存在，与它的这些空间邻近于特异性建构的物质：因而质性差异总是被空间差异（diaphora）作为论据。甚且，画家的反思教导了我们全部关于每一颜色的空间，与关于这些空间在一件作品中的接连。种类只在各自都有自身差异化的部分才是差异化的。差异化作用总同时是种类与部分、质性与广延的差异化作用：质性化或特性化、但也是划分或组织。从此这两种差异化面向如何与先前微分化的两种面向串连？客体不相似的这两个半面如何相嵌？质性与种类使关系变异肉身化于实际模式上；组织部分肉身化了相应的特异性。然而由这两个补充的观点来看，嵌套的精确性显得较佳。

一方面，完整决定操作了特异性的微分化作用；但它只承载于它们的存在与它们的分配。特异点的性质只被对它们邻近的积分曲线形式所特性化，亦即根据种类与实际或差异化的空间。另一方面，充足理由的基本面向、可决定性、相互决定作用、完整决定作用在渐进决定中找到它们的系统统一性。决定的相互性事实上不意味着一种倒退，亦非一种原地踏步，而是一种真正的进步，相互的项目必须争取愈来愈接近，而关系自身，则被置入它们的关系中。决定的完备性仍然意味添加身体的进步性。由 A 前往 B，然后由 B 轮回 A，我们不会重获一个如同在赤裸重复中的出发点；重复比较是，在 A 与 B，B 与 A，问题性场域集合的经历或渐进描述。如同在维塔克（Vitrac）的诗中，各自都构成一首诗（书写、梦、遗忘、寻觅其对立、幽默化，最后，由**分析**来重获）的差异步伐渐渐决定了如同**大写**问题或**大写**多样性的诗集合。在这意义下，所有结构依据这个渐进性，操作了一种纯粹逻辑、观念或辩证的时间。然而，这个虚拟时间自我决定了一种差异化时间，或不如说，节奏、符应关系或结构特异性的实际化歧异时间，测度了关于它的虚拟到实际的经过。四个词汇在这点上是同义词：实际化、差异化、积分化、解决。这就是虚拟的天性，实际化对它而言就是差异化。每一差异化都是局部积分化、局部解答，与其他组合成解答的集合或全面的积分。因为存在者活体中，实际化过程同时展现为部分的局部差异化、内部场域的全面形构、在组织体建构场域提出的问题解答①。组织体什么都不是，如果不是某一问题的解答的话，而且它的每一差异化器官也是如此，眼睛解决光线的"问题"；而没有一种对于它，毫无器官的差异化却不具备一般性效率或调节积分能力的内部场域。（这里再次地，相对于如同需解决的问题般建构组织体的律令而言，生命中对立与矛盾、障碍或需求的否定形式都是次要或衍生的。）

所有这些的唯一危险，是混淆了虚拟与实际。因为可能对立于真实；可能的程序因此是一种"真实化"。相反地，虚拟不对立于真实；它由自身占有全然的实在性。它的程序是实际化。只在这里看到字句的争论是错的：这涉及存在本身。每一次我们以可能与实在的用语提出问题时，我们便是强迫将存在构思为粗糙涌现、纯粹行动、总是在我们背后操作的跳跃，服从于全有或全无的律法。如果非存在者已经是可能的，被收集在概念中，拥有概念如同可能性赋予它的所有特征，那么存在者与非存在者之间可以有什么差异？存在**相同于**概念，但外在于概念。因此将存

①　关于内部场域与差异化作用的相关参看弗朗索瓦·梅耶（François Meyer）《进化的问题式》（Presses Universitaires de France，1954），pp. 112 sq.。奥斯本（Osborn）是最深刻坚持生命如同"问题"、力学、动态、确然生物问题的位置与解答的人之一——参看《生命的起源与进化》，1917（Sartiaux译，Masson出版）。比如不同类型的眼睛只能根据一般性生物物理问题与它在动物类型中的条件变异来研究。解答的规则就是各自都至少包含一种优势与缺陷。

在置于空间与时间中，但如同是无差异场域，不将存在的生产本身形成于特性空间与时间中。差异不再能是被概念决定的否定：是在它们之间为了实在化的可能限制，或是与真实的真实性对立的可能。反之，虚拟是大写观念的特征；正是由它的真实性开始，存在被生产，且符应内在于大写观念的时间与空间而生产。

第二点，可能与虚拟相互区辨，又因为其中之一指向在概念中的同一性形式，然而另一则意味在**大写**观念中的多样性，激进地排除了如同先决条件的同一性。最后，在可能自己提出的"真实化"中，它自己被构思为真实的影像，而实在被构思为可能的相似性。这是何以很不易理解，存在通过相似倍增相似以加诸概念之物。这就是可能的瑕疵，被举发为事后、回溯生产、相似于自己的自身影像的瑕疵。相反地，虚拟的实际化总是由差异、发散或差异化产生。实际化打破如同程序的相似性，同样也打破如同原则的同一性。实际的词汇从不相似于它所实际化的虚拟性：质性与种类不相似于它所肉身化的微分关系；部分不相似于它所肉身化的特异性。实际化、差异化，在这意义上，总是一种真正的创造。它不由预存的可能性限制所产生。它是矛盾地说"潜力"，如同某些生物学家所做的，且由全面权力的简单限制来定义差异化，如同潜力混淆于一种逻辑的可能性。实际化对于某一潜力或虚拟而言，总是创造符应而不相似于虚拟多样性的发散的线。虚拟有一个有待执行的任务实在性，如同一个有待解决的问题；这是定位、制约、生育解答的问题，然而解答不相似于问题的条件。这是为何柏格森很有理地说，从差异化的观点，即使从发散演化之线涌现（比如，如同"模拟的"器官的眼睛）的相似也必须首先被关连到生产机制中的异质性。而且正是相同的运动中必须颠覆差异对同一性的屈服，以及差异对相似的屈服。然而这种无相似的对应，或创造性差异化是什么？结合《创造进化论》与《材料与记忆》的柏格森提案开始于巨大记忆的展示、由所有"圆锥"切片的虚拟共存所形构的多样性，每个切片都如同是所有其他切片的重复，且只由关系的秩序与特异点分配来区辨。然后，这个记忆虚拟的实际化如同发散线的创造而出现，各自都对应了一个虚拟切片且再现一种解决问题的方法，但将关系的秩序与特属于被审视切片的特异性分配肉身化于差异化的种类与部分之中①。在虚拟中的差异与重复奠立了实际化、如同创造的差异化的运动，因之取代了同一性与可能的相似性，这只启动了假运动、如同抽象限制的实在化虚假运动。

《差异与重复》

p. 269 - 274

---

① 柏格森是将可能的批判推到最远的作者，但也是最经常援引虚拟观念的作者。从《时间与自由意志》开始，绵延被定义为无实际的多样性（百年版，p. 57）。在《材料与记忆》中，纯粹回忆的圆锥，与它的切片、与它在每一切片中的"闪亮点"完全是真实的，但却只是虚拟的。而在《创造进化论》中，差异化作用、发散之线的创造，如同是实际化般被构思，每一实际化之线似乎都对应圆锥的切片。（cf. 637）。

哲学的意义与任务

最近习惯被称为结构主义者的作者或许没有其他共通点，但这点是基本的：意义，毫不像是表象，而是如同表面与位置的效果，被空格的循环生产于结构系列之中（死亡的位置、国王的位置、盲点、漂浮能指、零值、后台、缺席的原因，等等）。结构主义，无论有无意识，颂扬着与斯多葛与卡罗尔（carollienne）的重逢。结构的确是非实体（*skindapsos*）意义的生产机器。当结构主义以这种方法展示，意义被无意义与它永恒的位移所生产，且它诞生于自身并不是"所指"元素的各自位置时，相反地并没有看到对于被叫做荒谬哲学的接近：路易·卡罗尔（Lewis Carroll），对；加缪（Camus），错。因为，对于荒谬哲学而言，无意义是在与它的简单关系中对立于意义之物；因此荒谬总是被意义的缺乏所定义，一种缺失（不太足够……）。相反的，由结构的观点来看，意义总是太多：过度被无意义产生与过量产生，如同是自我的缺乏。完全如雅各布森定义音素零（phonème zéro），它不占有任何已决的语音值，但对立于**音素的缺席**而非音素，同样地，无意义不占有任何特别的意义，但对立于意义的缺席而非它所过度生产的意义，无需与它的产品维持于人们所带往的简单排除关系中①。无意义同时是没有意义之物，但如此的它又通过意义的给予而对立于意义的缺席。而这正是**无意义**必须被理解之物。

最后，结构主义在哲学与对整个思想而言的重要性，可以被估量为：它移位了边界。当意义的观念接替了衰败的本质，哲学的边界似乎就安置在连结意义与新的超越性、神的新化身、转化的天国与在人与其深渊中找到意义之人、新凹陷的深度、地道之物中。云雾缭绕天国的新神学家（哥尼斯堡的天国），与地穴的新人道主义者，以上帝-小写的人或大写的人-上帝之名如同意义的秘密占据了舞台。然而，今日使得区辨变得不可能的，首先是我们对这无止尽话语的厌倦，质问是驴子装载人，或是人装载驴子且自我承担。然后，我们有一种操作于意义上纯粹反意义的印象；因为无论如何，天国或地道，意义都如同原则、储存库（Réservoir）、储备（Réserve）、起源一样被呈现。天主的原则，可以说基本上已被遗忘或遮蔽；地下的原则，它已深深地被扛掉、改道、异化。然而，在扛掉如同在遮蔽下，我们被召唤来重获与重建意义，在我们并不太了解的上帝之下，或在我们还探测不够的人之下。因此很愉快地今日能回响着好消息：意义从来不是原则或起源，它是产品。它不须被发现、重建，亦不需再利用，它必须被新的机器

---

① Cf. 列维-斯特劳斯在［马塞尔·莫斯（Marcel Mauss）作品简介］中对于"音素零"的评注（Mauss，《社会学与人类学》，p. 50）。

生产。它不属于任何高度，它不在任何深度；而是表面的效果，与如同它的面向本身分不开的表面。这不是意义缺乏深度或高度，而较是高度与深度缺乏表面，缺乏意义，或只藉由假设意义的"效果"才有意义。我们不再自问是否宗教的"原初意义"是在人所背叛的**大写神**之中，或在**大写神**影像的异化的人之中。比如，我们不在尼采身上寻找颠覆或超越的先知。如果有一个作者，对他而言上帝之死、苦行的理想由高处摔落毫无价值，只要这些是由错误的人类深度、坏意识与愤懑所组成，那么这作者就是尼采：他将他的发现带往别处，在警句与诗之中，既不使上帝亦不使人说话，这是以安置有效的理想赌戏来生产意义、测量表面的机器。我们不在弗罗伊德身上寻找人类深度与原初意义的探险家，而是无意识机器的神奇发现，借此意义成为产品，总是根据无意来生产①。我们如何能不感到我们的自由与我们的有效性会找到它们的场域，不在普遍的神性亦不在人的人格，而在是我们的而非我们自己、神圣的而非神的这些特异性上，在具体中激活了诗与警句、持久的革命与部分的行动？什么是在这些人民与诗的绝妙

---

① 在路易·阿尔都塞主要主题一致的段落里，让-皮耶尔·奥西耶（J. - P. Osier）提议如下区分：在意义须在一种多少遗失的原初中重获（这个原初是神或人的、存有论或人类学的）与原初是一种无意义，且意义总是如同表面的、知识论的效果被生产之间。这个判准依附在弗罗伊德与马克思，J. - P. Osier 评估解释的问题丝毫不在于由"衍生"到"原初"，而在于理解意义生产于两种系列中的机制：意义总是"效果"。参看费尔巴哈《基督教的本质》的序言，Maspéro 出版，1968，pp. 15 - 19。

机器中的官僚？只要我们稍有分心，知道留在表面，如同一张鼓绷紧我们的皮，"伟大的政客"便开始了。一个空格既不是为了人亦不是为了**大写神**；特异性既不是一般的亦不是个体的，既不是个人的亦不是普同的；所有这些都被循环、回声、事件所穿越，它们产生了人从未曾梦想、亦非上帝可构思的众意义与自由、有效性。使空格循环，使前个体与非人的特异性说话，简言之，生产意义，这是今日的任务。

《意义的逻辑》

Editions de Minuit，1969

p. 88 – 91

存在的单义性（Ⅱ）

哲学混同于本体论，但本体论混同于存在单义性（模拟总是一种神学视野，不是哲学的，改编为上帝、世界与自我的形式）。存在的单义性不是要说有单一与相同的存在：相反地，存在者是多样与差异的，总是由选言综合所产，它本身是分离与发散的，*membra disjoncta*。存在的单义性意味存在是声音，它被说，且以所有它所说之物的单一与相同"意义"被说。它所说之物毫不是相同，但它对于它所说之物是相同。因此，以至于如同是单一事件为了所有降临到最歧异事物之物，事件自身（*Eventum tantum*）为了所有事件，极端形式为了所有停留在自身分离的形式，但它促使它们的分离回响与分歧。存在的单义性混同于选言综合的正面用法，最高的肯定：永久轮回自身，或——如同我们在理想赌戏里已看到的——在一次中对偶然的肯定，单一抛掷为了所有掷，唯一大写存在为了所有形式与所有次数，唯一坚持为了所有存在者，唯一的幽灵为了所有的活体，唯一声音为了所有嘈杂与所有海水水滴。错误在于混淆了存在单义性与它以它所说之物的假单义性被说。然而同时，**大写**存在不降临就不被说，如果**大写**存在是所有事件沟通的单一事件，那么单义性就同时指向降临之物与被说之物。单义性意味是相同的事降临且被说：所有身体与事物状态的可归因者与所有命题的可表达者。单义性意味所思属性（attribut noématique）与语言学表达的同一性：事件与意义。这是何以它不任由存在续存于它在模拟角度中的模糊状态。单义性升起，摘取存在以便较佳地区辨于它所降临之物与它所说之物。它由存在者中拔取出，以便在一次中就将它们关连在一起，在所有次数中都压往它们的方向。纯粹的说与纯粹的事件，单义性使语言的内部表面（坚持）接触存在的外部表面［超存在（extra-être）］。单义的存在坚持于语言与突现于事物中；它以存在的外部关系测度语言的内部关系。既非主动亦非被动，单义的存在是中性的。它本身是**超存在**，亦即共通于实在、可能与不可能的存在最小值。所有事件作为一的空无位置，所有意义作为一的无意义表达，单义存在是生机时间（Aiôn）的纯粹形式，关连事物与命题的外部性形式①。简言之，存在的单义性有三个决定作用：单一事件为了全部；单一与相同某物（aliquid）为了发生之物与被说之物；单一与相同存在为了不可能、可能与实在。

Ibid.

Edition de Minuit，1969

p. 210 - 211

运动与多样性

［⋯⋯］而这是柏格森的第三个主题，一样在《创造进化论》中。如果试着给予粗暴的用语，可以说：不只是瞬间是运动的不动切片，而且运动是绵延，亦即**大写**整体或某一整体的动态切片。这意味着，运动表达了某些较深沉之事，就是在绵延或整体中的改变。假设绵延是改变，这是它的定义的一部分：它改变且不停改变。比如，物质运

---

① 关于"空洞时间"在事件制作的重要性，参看葛洛杜伊森（B. Gro-ethuysen）《论时间的几个观点》（《哲学研究》，V，1935 - 1936）："所有事件都可以这么说是在什么皆未发生的时间中"，且有一种空洞时间的持久性，穿超了所有发生之物。乔·布斯克（Joe Bousquet）的书《首要原则》（*Les capitales*）最深刻的趣味就是根据存在的单义性，基于邓·司各脱的沉思提出语言的问题。

动，但它不改变。然而运动**表达**在绵延或在整体中的改变。造成问题的，一方面是这个表达，与另一方面，这个整体-绵延的同一化。

运动，是在空间中的平移。然而每一次在空间中有部分的平移，也就有在某一整体中的质性改变。柏格森在《材料与记忆》中给予了许多例子。一只动物运动，但不会是无所事事，是为了觅食，为了迁移，等等。可以说运动假设了潜能的差异，且打算填满差异。如果我考虑某些部分或场域，抽象地以 A 与 B 代表，我不了解由其中之一到另一的运动。但我在 A，饿坏了，而在 B 有食物。但我抵达 B 且我进食，被改变的不只是我的状态，而是包含 B、A 的整体状态与所有在两者间之物。当阿喀琉斯超越乌龟时，改变的是包含乌龟、阿喀琉斯的整体状态与介于两者间的距离。运动总是指向改变、迁移、季节性的变异。对于身体这也仍然为真：身体的坠落假设了吸引它的另一身体，且表达了在包含所有两者的整体中的改变。如果思考纯粹的原子，它们的运动展示了物质所有部分的相互行动，必然表达了在整体中能量的修改、扰乱、改变。柏格森在平移之外所发现的，是振动、辐射。我们的错误在于相信，运动之物就是外部于质性的任一元素。然而质性本身是纯粹的振动，它与所谓的元素运动同时改变。

在《创造进化论》中，柏格森给出一个极有名的例子以至于我们甚至不懂得惊奇。他说，在一杯水中放入糖，

"我必须等待糖溶解"①。这真是令人好奇，因为柏格森似乎忘了汤匙的运动可以加快溶解。但在第一时间他想说什么？松开糖粒子与将它们悬浮于水中的平移运动自我表达了一种在整体中的改变，亦即在杯子的内容物中，有含糖的水到甜水状态的质性移转。如果我以汤匙搅动，我加速了运动，但我也改变了现在包含了汤匙的整体，而且加速的运动继续表达着整体的改变。"物理学与化学研究的团块与分子全然表面的位移"，成为，"相较于这个生产于深度的、是转型而非平移的生机运动，就像移动物的停留对于这个移动物在空间的运动"②。柏格森，在他的第三主题中因此展示了底下的模拟：

$$\frac{不动切片}{运动} = \frac{如同动态切片的运动}{质性改变}$$

在这差异左右，左边关系表达一种幻象，而右边关系则是实在性。

柏格森所要说的，尤其是在甜水杯，是我的等待不论如何都表达了如同心理、精神实在性的绵延。然而为何这个精神绵延见证了，不只是对等待的我，而且是对改变的整体？柏格森说：整体既不被给予也非可给予的（而现代科学如同古代科学的错误即在于以两种不同方法给出了整体）。很多哲学家已经说了，整体既不被给予也非可给予

① 关于所有这些，参看《材料与记忆》，第四章，p. 332 - 340（220 - 230）。
② 《创造进化论》，p. 521（32）。

的；他们只做出结论说，整体是一个丧失意义的观念。柏格森的结论则是很不同的：如果整体不是可给予的，是因为它就是**大写**开敞，而它属于不断改变或让某些新事物涌现，简言之，绵延。"宇宙的绵延只应与在它之中找到位子的创造纬度合为一。"① 因此，每一次在绵延之前或在绵延中，都可以总结出改变的整体存在，且它在某处开敞。柏格森首先发现绵延如同同一于意识，这相当有名。然而对意识的进一步研究却将他带往展示了，意识只存在于对整体开敞，符应于整体的开敞。同样的对于活体：当柏格森比较活体与整体，或与宇宙的整体，他似乎重拾了最古老的比较②。然而他却完全颠覆了词汇。因为如果活体是一种整体，因此相似于宇宙的整体，这并不是由于它是跟整体所被假设的一样是封闭的微宇宙，相反地，是由于它是开敞于某一世界，而世界，宇宙，本身就是开敞。"只要有某物生活之处，就开敞于某处，有着时间登录的记录。"③

如果必须定义整体，就由**大写**关系来定义。因为关系不是客体的属性，它总是外部于它的关系项。因此它与开敞不可分离，而且展示了一种精神或心灵的存在。关系不属于客体，而是属于整体，条件是不可将它与客体的封闭

---

① 《创造进化论》，p. 782（339）。
② 《创造进化论》，p. 507（15）。
③ 《创造进化论》，p. 508（16）。在柏格森与海德格尔之间唯一的但巨大的相似就是底下：两人都建立了时间在开敞构思上的特性化。

集合混淆①。通过空间中的运动，一个集合中的客体改变各自的位置。然而，藉由关系，整体转型或改变质性。对于绵延本身或时间，我们可以说它是关系的整体。

不应混淆整体、"诸多整体"与**集合**。集合是封闭的，而所有封闭之物都是人工的封闭。集合总是部分的集合，但整体不是封闭的，它是开敞的；而它没有部分，除非在一个很特别的意义下，因为它不可能被切分而不在每个切分的阶段都改变性质。"实在的整体很可以是不可切分的连结性。"② 整体不是一个封闭的集合，相反，集合藉以从不绝对封闭、从不完全掩蔽之物，这是将它维持某处开敞之物，如同被一道连接宇宙剩余部分的绷紧的线。水杯是封住部分、水、糖、或许还有汤匙的封闭集合；然而整体不在这里。整体被创造且不停被创造于无部分的另一面向，如同将一质性状态链结到另一的集合，如同经由这些状态不停止的纯粹生成。就是在这意义下它是精神或心灵的。"水杯、糖与糖在水中的溶解过程无疑地是抽象作用，而在它们被我的感官与知性切割的**大写**整体中或许以意识的方式进行着。"③ 只是这个集合或封闭系统的人工切割并不是

---

① 我们在此让关系的问题介入，即使这不是柏格森所明确提出的。可以说，介于两件事之间的关系不能被化约到其中之一或另一件事的属性，而且亦不能化约为集合的属于。相反的，关连到与整体关系的可能性仍然是完备的，如果将这个整体构思为"连续"而非被给予的集合。

② 《创造进化论》，p. 520（31）。

③ 《创造进化论》，p. 502 - 503（10 - 11）。

一种纯粹幻象。这是有充分根据的，而且如果每一件事与整体的连结（再连结到开敞的吊诡连结）不可能打破，至少能延长、拉长到无限，变得愈来愈紧绷。因为物质的组织化使得封闭系统或部分的已决集合变得可能；而空间的开展使其变得必须。然而，确切地说，集合是在空间中，整体，诸多整体则在绵延中，是作为不停变化的绵延本身。因此对应柏格森第一个主题的两个用语现在有一个较严格的地位："不动切片＋抽象时间"指向封闭集合，其部分事实上是不动切片与被计算于抽象时间中的接续状态；然而"真实的运动→具体绵延"则指向绵延的整体开敞，且其运动是穿越封闭系统的许多动态切片。

在第三主题结束后，我们事实上处在三个层级：1）集合或封闭系统，由可区分的客体或区辨的部分所定义；2）平移运动，在这些客体之间建立且修改各自的位置；3）绵延或整体，根据它本身的关系不停改变的精神实在性。

就某种意义来说，运动因此有两面。一方面，它发生在客体或部分之间；另一方面，它表达了绵延或整体。它使得绵延经由性质的改变在客体中分裂，而客体经由自我深化、失去它们的轮廓而聚集于绵延之中。因此可以说，运动使它建立其中的客体关连到它所表达的改变整体，而且反之亦然。通过运动，整体分裂于客体中，而客体聚集于整体；而且，正是介于两者之间，"整体"改变。我们可以将一个集合的客体或部分视为**不动的切片**；然而运动建立于这些切片之间，而且将客体或部分关连到改变中的整体绵延，它因此表达了相对于客体的整体改变，它本身就是绵延的**动态切片**。我们由是能够理解《材料与记忆》第一章中如此深邃的主题：1）不只有瞬间的影像，亦即运动的不动切片；2）有作为绵延的动态切片的运动-影像；3）最后有时间-影像，亦即在运动本身之外的绵延-影像、改变-影像、关系-影像、积体-影像……

《运动-影像》

Edition de Minuit，1983

p. 18‐22

反真理的时间

[……] 如果考虑到思想史，会看到时间总是将真理的观念置于危机中。不是真理在每个时代变化。这不是简单的经验内容，这是时间的形式或不如说是时间的纯粹力量，将真理置于危机中。这个危机从古代便爆发，在"未来偶然性"的吊诡中。一场海战**可能**明天发生，如果为**真**，如何避免接下来的两个结果之一：由可能中产生的不可能（因为，如果战争发生，它没有发生便不再可能），或过去

不必然真（因为它可能不发生）①。将这个吊诡处理为诡辩是很容易的。它仍展示了思考真理与时间形式的关系的困难，而且将我们判决要将真安置于远离存在者，在永恒或在模仿永恒之物中。必须等待莱布尼兹才有对这个吊诡最天才的解答，然而也是最奇怪与最矫揉造作的。莱布尼兹说，海战可发生或不发生，但这不是在相同的世界：它发生在一个世界，不发生在另一世界，而且这两个世界都是可能的，然而在它们之间不是"共可能的"②。因此必须铸造**不共可能性**这个漂亮的观念（不同于矛盾）以便拯救真理解决吊诡：根据他，这不是不可能的，只是源自可能的不共可能；而过去可以为真而不必然为真。然而真理的危机因此获得了一个休息而不是解答。因为没有什么能阻止我们肯定不共可能属于相同世界，不共可能的世界属于相同的宇宙："比如说冯持有一个秘密，一个陌生人敲他的门……冯可能杀死入侵者，入侵者可能杀死冯，两人可能都逃脱，两人可能死亡，等等……你来到我家，但在可能

---

① 参看疏勒（Schuhl）《支配与可能》，P. U. F.（关于在希腊哲学中这个吊诡的角色）。儒勒·维伊蒙（Jules Vuillemin）在《必要或偶然性》重拾整个问题，Ed. de Minuit。

② 参看莱布尼兹，《神正论》，p. 414 - 416；在这个让人震惊的文本中，似乎给予我们所有现代文学的根源，莱布尼兹展示了如同是组成水晶金字塔许多套间的"未来偶然性"。在一个套间里，塞克斯图（Sextus）没有前往罗马而且在哥林多（Corinthe）栽种他的花园；在另一间，他成为色雷斯（Thrace）之王；而在另一间，他前往罗马而且取得权力……。可以这么标志，这个文本在很复杂、纠结的叙事中被展示，即使它企图拯救真理：这首先是瓦拉（Valla）与安特瓦尼（Antoine）的对话，被插入了塞克斯图与阿波罗神喻的另一个对话，然后又接着第三个对话，塞克斯图对朱庇特，其让位给狄奥多雷·巴拉斯（Théodore Pallas）的会晤，结束于狄奥多雷的苏醒。

的过去之一，你是我的敌人，在另一个，是我的朋友。"①
这是博尔赫斯对莱布尼兹的答复：如同时间力量的直线，
如同时间的迷宫，也是分叉与不停分叉的线，经过**不共可**
能的现在，轮回到**不必然真的过去**。

　　由此引出一个新的叙事地位：叙事不再是真实的，亦
即停止意图真，以便变成本质的伪造。这毫不是"每人都
有真理"，关于内容的变异。这是取代与篡位真形式的造假
威力，因为它提出不共可能的现在共时性，或不必然真的
过去共存。晶体的描述已抵达实在与想象的不可区分性，
然而符应它的伪造叙事则更进一步，而且在真与假之间，
在现在提出纠缠的差异，在过去提出不可决的交替。真相
的人死亡，真理的范型崩毁，以便成就新的叙事。我们没
有说到这个观点的重要作者：是尼采，在"权力意志"的
名义下，以虚假权力取代真的形式，且解决真理的危机，
意欲一劳永逸地结算，然而，对立于莱布尼兹的，是为了
假与它的艺术、创造威力……

《时间-影像》

Edition de Minuit，1986

p. 170－172

---

　　① 博尔赫斯，《小说集》，〈小径分叉的花园〉，Gallimard，p. 130。

域外思想

　　然而，如果条件真的并不比被条件限制者更具一般性或更恒定，福柯感兴趣的却是条件。这是何以他说这是历史研究而非历史学家的劳动的原因。他并不做精神面貌史，而是做能够展现所有具精神存在之物（即陈述与语言体制）的条件史。他并不做行为史，而是做能够展现所有（在光线体制下）具可视存在之物的条件史。他不做建制史，而是做（在社会场域的范围中）建制借以整合力量微分关系的条件史。他不做私生活史，而是做自我关系借以建构私生活的条件史。他不做主体史，而是做（发生于本体论与社会场域中的）褶皱作用下的主体化过程史①。事实上，有一个东西缠绕着福柯，就是思想："思考意味什么，什么叫做思考？"这是海德格尔所发出的疑问，由福柯重新拾起，成为一根绝佳的箭矢。这是一种历史，但却是作为这种思想的历史。思考，就是实验，就是使问题化。知识、权力与自我是思想问题化过程的三重根。而首先，根据作为问题的知识，思考就是看与说，但却产生于两者之间，

---

　　① 参阅《快感之用》，p. 15。对福柯、历史与条件最深刻的研究是保罗·维纳（Paul Veyne）所著的《福柯的历史学革命》，收录于《如何书写历史》，Ed. du Seuil（特别是关于"不变者"的问题）。

于看与说的缝隙或隔离中。每次都必须发明新的交错，每次都是一方朝另一方靶心投出一根箭矢，都是使词汇中映现闪光，于可视事物中听见尖叫。思考就是使看达到它特定的界限，而使说亦达到其界限，因而这两者就是相互联结却又相互分离的共同界限。

其次，根据作为问题的权力，思考，就是放射特异性，就是掷骰子。掷骰子所表达的意思是，思考总是来自域外（此域外早已涌入知识的两种形式间的缝隙或建构其共同界限）。思考既非天生亦非后天获得，它并非某种能力的天生演练也非被建构于外在世界中的学习。阿尔托以"生殖式的"（génital）来对立于天生的与后天获得的。思想的生殖性，亦即思想来自一种比所有外在世界更遥远，因而比所有内在世界更迫近的域外。这域外是否必须被称为偶然①？事实上，掷骰子表现了最简单的力量或权力关系，即建立于偶然抽取（骰子面之点数）的诸特异性间的权力关系。但福柯意指的力量关系不仅涉及人，而且涉及被偶然抽取或根据组成某种语言的出现频率而相互牵引的元素或字母。偶然仅在第一把时有其价值，第二把可能就产生于被第一把部分决定的条件下，就如一条马可夫链般，成为一种部分再链结的接续过程，而域外就是如此：将偶然抽取不断再链结于随机与附属的混合之线中。思考因存在者在此取

---

① 尼采一马拉美一阿尔托的三位一体被援引，特别是在《词与物》结尾。

得全新形象：思考就是抽取特异性，就是对被抽取物的再链结，而且每次都必须发明由一特异性邻近区域划至另一特异性邻近区域的系列。存在各式各样的特异性，但总是来自域外：有被力量关系所攫取的权力特异性；酝酿转变中的反抗特异性；加上保持悬宕于域外、既不进入关系亦不听任于整合的野性特异性（只是"野性"在此采用的含义不是作为一种经验，而是那些尚未进入经验者）①。

思想的这些决定作用就是它于行动中所产生的原创形象，而且长久以来，福柯从不认为思考可以另辟蹊径。由于思想除了它所由来并停驻于思想内如同"不可思考者"的域外之外，在其自身什么都找不到，因此思考怎么可能发明出一种道德？这个行动意志预先摧毁了一切命令②。然而，福柯预感了一种最后的怪异形象将出现：如果比所有外在世界更遥远的域外同时也比所有内在世界更迫近，难道这不正是思想因发现域外如同自己的"不可思考者"而本身自我影响的症兆吗？"思想无法不发现不可思考者……而不立即由自我逼近它，或者也许，而不远离，或无论如何，思想无法不发现不可思考者而不使人类存在处

① 参阅《话语的秩序》，p. 37，福柯在此援引一种"野性外在性"并以孟德尔（Mendel）为例，其所建构的生物学对象（概念及方法）完全与现代生物学格格不入，但这并不与没有野性经验这个观念矛盾。没有野性经验，是因为所有经验都已意味知识关联及权力关系。然而，确切地说，野性特异性被推出于知识及权力之外，处于"边缘"，因此科学无法辨识它，p. 35 - 37。

② 胡塞尔自己在思想中援引一种好像掷骰子或任意点位置的"行动意志"，参阅《观念……》，p. 414。

于实际的质变状态（因为它铺展于自我与不可思考者的距离之中）。"① 这个对自我的影响，这个遥远与迫近的变换，将通过一种域内空间（其完全与域外空间同时出现于褶皱线上）的建构而取得越来越大的重要性。存疑中的不可思考者让位给自我问题化且如同伦理学主体的思考存在（在阿尔托的作品中，就是"天生生殖式的"，而在福柯的作品中，则是自我与性特质的交会）。思考，就是褶皱，就是赋予域外共同伸展的域内。思想的一般拓扑学（其起始于特异性的"邻近"）现在完成于自域外到域内的皱折作用中："在外部的内部之中，以及反之"，《古典时代疯狂史》如是说。这可以如下展示：所有组织作用（差异化与积分化）都假设一种绝对域外与域内的拓扑学第一结构，其可以引申出相对且中介的外部性及内部性。所有域内空间都拓扑学地与域外空间相接，且无视距离地衔接于"生命体"（vivant）的界限之处；而这种肉体与生机的拓扑学远非空间所能解释，它解放出一种时间，其压缩过去于域内、骤现未来于域外，并对比过去与未来于生机勃勃的现在界限之处。

《福柯》

Editions de Minuit，1986

p. 124 - 127

---

① 《词与物》，p. 338（对胡塞尔现象学的评论，p. 336）。

书　目

吉尔·德勒兹作品

子夜出版社：

《萨克·马佐赫介绍》，1967。

《斯宾诺莎与表达问题》，1968。

《意义的逻辑》，1969。

《迭置》（与 Carmelo Bene 合著），1979。

《斯宾诺莎：实践哲学》，1981。

《电影 1 −运动−影像》，1983。

《电影 2 −时间−影像》，1985。

《福柯》，1986。

《伯利克里与韦瓦第，弗朗索瓦·夏特雷的哲学》，1988。

《褶皱：莱布尼兹与巴洛克》，1988。

《商谈》，1990。

法国大学出版社：

《经验主义与主体性》，1953。

《尼采与哲学》，1962。

《康德的哲学》，1963。

《普鲁斯特与符号》，1964；增订版，1970。

《尼采》，1965。

《柏格森主义》，1966。

《差异与重复》，1968。

Flammarion 出版社：

《对谈》（与 Claire Parnet 合著），1977。

La Différence 出版社：

《弗朗西斯·培根：感觉的逻辑》，1981，二卷。

吉尔·德勒兹与费利斯·迦塔利的作品

子夜出版社：

《反俄狄浦斯》，1972。

《卡夫卡：为了少数人的文学》，1975。

《根茎》，1976（收录于《千高原》，1980）。

《千高原》，1980。

《什么是哲学?》，1992。

江苏省版权局著作权合同登记　图字:10-2009-053 号

图书在版编目(CIP)数据

德勒兹：存在的喧嚣／(法)阿兰·巴迪欧著；杨
凯麟译.—南京：南京大学出版社，2018.10(2025.6 重印)
(当代激进思想家译丛／张一兵主编)
ISBN 978-7-305-19965-3

Ⅰ.①德…　Ⅱ.①阿…②杨…　Ⅲ.①吉尔·路易·
勒内·德勒兹(Gilles Louis Rene Deleuze,1925—
1995)—哲学思想—研究　Ⅳ.①B565.59

中国版本图书馆 CIP 数据核字(2018)第 041357 号

出版发行　南京大学出版社
社　　址　南京市汉口路 22 号　　　　邮　编 210093
丛 书 名　当代激进思想家译丛
书　　名　**德勒兹:存在的喧嚣**
　　　　　DELEZI:CUNZAI DE XUANXIAO
著　　者　[法]阿兰·巴迪欧
译　　者　杨凯麟
责任编辑　徐　熙　张　静
照　　排　南京紫藤制版印务中心
印　　刷　苏州市古得堡数码印刷有限公司
开　　本　787 mm×1092 mm　1/16 开　印张 11.75　字数 110 千
版　　次　2018 年 10 月第 1 版　2025 年 6 月第 5 次印刷
ISBN　978-7-305-19965-3
定　　价　45.00 元

网址:http://www.njupco.com
官方微博:http://weibo.com/njupco
官方微信号:njupress
销售咨询热线:(025)83594756

江苏省版权局著作权合同登记　图字：10-2009-053 号

图书在版编目（CIP）数据

德勒兹：存在的喧嚣／（法）阿兰·巴迪欧著；杨
凯麟译.—南京：南京大学出版社，2018.10（2025.6 重印）
（当代激进思想家译丛／张一兵主编）
ISBN 978-7-305-19965-3

Ⅰ.①德… Ⅱ.①阿… ②杨… Ⅲ.①吉尔·路易·
勒内·德勒兹（Gilles Louis Rene Deleuze，1925-
1995）-哲学思想-研究 Ⅳ.①B565.59

中国版本图书馆 CIP 数据核字（2018）第 041357 号

出版发行　南京大学出版社
社　　址　南京市汉口路 22 号　　　邮　编　210093
丛 书 名　当代激进思想家译丛
书　　名　德勒兹：存在的喧嚣
　　　　　DELEZI：CUNZAI DE XUANXIAO
著　　者　［法］阿兰·巴迪欧
译　　者　杨凯麟
责任编辑　徐　熙　张　静
照　　排　南京紫藤制版印务中心
印　　刷　苏州市古得堡数码印刷有限公司
开　　本　787 mm×1092 mm　1/16 开　印张 11.75　字数 110 千
版　　次　2018 年 10 月第 1 版　2025 年 6 月第 5 次印刷
ISBN　978-7-305-19965-3
定　　价　45.00 元

网址：http：//www.njupco.com
官方微博：http：//weibo.com/njupco
官方微信号：njupress
销售咨询热线：(025)83594756
───────────────────────────